我和我的天使

特殊教育一线教师的育人故事

李万军◎主　编
张敬方◎副主编

特殊教育是教育事业的**重要组成部分**，
是教育高质量发展**不可或缺**的**重要内容**。
谨以本书向全体**从事特殊教育**的教育**工作者**表示崇高的**敬意**。

U0881562

首都经济贸易大学出版社
Capital University of Economics and Business Press
·北　京·

图书在版编目（CIP）数据

我和我的天使：特殊教育一线教师的育人故事 / 李万军主编. -- 北京：首都经济贸易大学出版社，2024. 5

ISBN 978-7-5638-3676-5

Ⅰ. ①我…　Ⅱ. ①李…　Ⅲ. ①特殊教育-教学研究　Ⅳ. ①G76

中国国家版本馆 CIP 数据核字（2024）第 081975 号

我和我的天使——特殊教育一线教师的育人故事
主　编　李万军
副主编　张敬方

责任编辑　晓　地
封面设计　砚祥志远·激光照排 TEL：010-65976003
出版发行　首都经济贸易大学出版社
地　　址　北京市朝阳区红庙（邮编 100026）
电　　话　（010）65976483　65065761　65071505（传真）
网　　址　http://www.sjmcb.com
E-mail　publish@cueb.edu.cn
经　　销　全国新华书店
照　　排　北京砚祥志远激光照排技术有限公司
印　　刷　北京九州迅驰传媒文化有限公司
成品尺寸　170 毫米×240 毫米　1/16
字　　数　136 千字
印　　张　10.5
版　　次　2024 年 5 月第 1 版　2024 年 5 月第 1 次印刷
书　　号　ISBN 978-7-5638-3676-5
定　　价　48.00 元

编写委员会

主　编

李万军

副主编

张敬方

编写人员（按姓氏笔画排序）

王　华　王学武　王　楠　刘　健　杨国京　杨　曦
李万军　李　昉　李　倩　李　雪　李福国　吴春英
张冬梅　张红雷　张丽颖　张洪玲　张　艳　张敬方
赵红影　袁宝芝　高学勤　徐妍让　蔡宏婧

序　言

特殊教育是教育事业的重要组成部分，是教育高质量发展不可或缺的重要内容。

特殊教育的服务对象是残障儿童，虽然他们多为视力、听力、言语、肢体、智力、精神缺限以及有其他特殊需要的青少年，但他们和正常的普通人一样，来到这个世界上的使命是一样的。做好特殊教育，不仅是帮助他们自理，融入社会，更是体现和衡量社会文明进步的重要标志。

总之一句话：高质量的教育发展，特殊教育必不可少。

教育从孩子出生的那一刻就开始了，以不拘形式、时间和地点的方式存在着。随着孩子的长大，教育越来越专注于不断地唤醒储存在孩子大脑中的文化基因密码，有的孩子在数学方面优秀、有的孩子在物理方面优秀、有的孩子在音乐方面优秀……表现出各式各样的专长与天赋。被唤醒的文化基因各种各样，造就了人类的专长各有不同，造就了丰富多彩的人类社会，是教育让人类各美其美，美美与共，这就是教育对人类的意义。

教育是“润泽生命、启迪智慧、完善人格”的过程。残障儿童的教育最能够体现唤醒的意义。也只有特教教师能够体验孩子每一次进步的跨越式成就感。做父母的都经历过孩子第一次发出“妈妈”“爸爸”声音时的惊喜，也经历过孩子第一次独立歪歪斜斜走路的喜悦，这就是教育带来的成果。当人们习惯了孩子们一次次超越的时候，就没有那第一次惊天的感觉了。而从事特殊教育的教师，无时无刻不在期盼着这种激动时刻的出现，虽然每次出现的间隔会很长，但总会有惊喜出现。他们就这样一天天地坚守着。

大兴特殊教育中心自2003年9月1日成立以来，全体教师用全部的身心、智慧和生命不断地敲开这些“人类探险者”的大门，无论失败多少次，仍然坚持不懈地做着同一件事，因为他们总想要点亮天上的那颗星星，引导那些暂时走失的孩子回家。

20年前，北京市大兴特殊教育中心的成立，是大兴教育向更高层次跨越的重要时刻。教师们讲起当初的情景如数家珍，娓娓道来：怎样去装备站装卸桌椅，怎样自己装饰教室，怎样在商场义卖孩子们的作品，怎样和孩子们建立感情，怎样发现孩子成长的点位……虽然只是日常育人工作的点点滴滴，但是对大兴教育、对特殊教育、对残障儿童来说就是了不起的事情。

今天把教师们讲述的故事收集起来，汇编成这本《我和我的天使》，虽然只是日复一日的平凡故事，但是书中体现的全部是对生命的尊重与呵护。我以大兴区特殊教育中心的教师们为骄傲。

通过这本书谨向全体从事特殊教育的教育工作者表示无尚的敬意。

李万军

2023年8月25日于北京大兴

目　录

教育叙事

成长故事

特教探索

附录

教育叙事

特殊教育学校的班额和普通义务教育的不同，一般情况下，全班由4~5名学生组成，最大的班额也不会超过8人。班虽然“小”，特教教师的责任却很“大”。班里虽然人“少”，发生教育故事却很“多”：有充满爱的课堂，有特色的田径课，有几位老师的默契配合，有美术老师的不懈坚持，有亲子“拥抱”的育人智慧，有独自“爬楼”的精彩发现……

充满爱的课堂

蔡宏婧

如果普通教育是在挖金、采银、切割钻石、打造碧玉、磨砺珍珠，那么特殊教育便是在烧制一块砖、一片瓦。我们拥有共同的称呼“老师”，我们同样担负着塑造人的使命。

美术课

我大胆地将简笔画引入特教美术课堂，根据学生的年龄特点，确定简笔画的简繁程度，准确定位课堂教学的起点，保障每个学生都能得到应有的训练。

根据不同年级学生感知事物的能力不同，设计不同的教学内容。如低年级学生以画日常生活常见的静物为主，易引起学生的兴趣；中年级学生以学画动物、花卉为主，主要表现动物的动作和形态，同时练习对花卉进行着色；高年级学生学习较复杂的简笔画，进行创作练习，鼓励学生大胆用笔，同时加大色彩知识的学习，与水彩画（或国画）学习渗透进行。同时充分借助文学形象选择题材，尽可能与语文教学相联系。如讲“乌鸦喝水”“龟兔赛跑”等课文，均可用连环画形式加以表现，学生很乐意接受。

对特殊儿童来说，想要达到简笔画的最高阶段，表现物体的综合特征非常关键，归纳特征便是将所要表现的物体分段归纳，并逐步从小范围到大范围的概括，根据主要部位特征用形状加以归纳——画出归纳的形状并组合形成个体——画出细节完善画面。以公鸡为例：公鸡的主要部位是它的头和身体，可以将公鸡的头及脖子归纳为一个小半圆，身体可以归纳为一个大半圆；可以将公鸡的头及脖子归纳为一个小梯形，身体可以归纳为一个大梯形；也可以将公鸡的头及脖子归纳为一个小椭圆形，身体可以归纳为一个大椭圆形，在此基础上将这些形状加以组合（半圆与梯形、椭圆与梯形等的组合）形成公鸡的轮廓，最后添上鸡冠以及公鸡的尾巴形成完整画面。同时，开设班级“艺术角”，把学生的作业展示其中，让学生天天看到自己的“作品”。

信息技术课

网络上大量精美的图片往往能吸引学生的注意力，各种形状不一、颜色各异的图片丰富了特殊学生的想象力、创造力。通过训练，学生在掌握“画图”软件的基本操作后，可以根据在互联网上的图片进行简单的创作练习。

“画图软件中的复制、粘贴”是我设计的一节课，这节课学习的重点从工具箱转向了菜单，由“绘”到“变”。本课的教学内容中设计了一个亮点，就是利用“种子”这个生动的比喻，让学生在操作中理解和掌握相关知识和技能，所以围绕着一个问题：“如何把一朵花当成种子开出满园的鲜花?”遵循“记种子→画种子→变鲜花→花香满园”的教学步骤，展开教学活动。这节课中出现的一个“意外”竟唱响了主旋律，发挥了意想不到的作用。

“老师的电脑里已经准备好了一朵美丽的鲜花，请学生帮我把这朵花变成满园的鲜花，来装扮我们美丽的校园，你们有什么好方法吗?”在我的导入之后，学生的兴趣被充分地调动起来，带着极大的好奇心想着各种各样的办法。我按照原先设计好的教学内容按部就班地引出了“复制、粘贴”的内容，并在教师机上演示了一朵花变成满园鲜花的过程。之后我提出请一位同学到教师机上来试一试，看看能不能也做到满园鲜花。李同学兴奋地冲上讲台，拿起鼠标就开始操作，却在“编辑”菜单中单击了“剪切”和“粘贴”命令，原本盛开的花突然不见了，同学们发出阵阵笑声，情绪问题比较严重的他开始着急了，情绪变得很不稳定。就在这时，我揽住他的肩膀对同学们说：“我们要感谢李同学，因为他的操作让我们发现了‘复制’和‘剪切’的不同，让我们为他鼓鼓掌。”此时，同学们都鼓起掌来，李同学的情绪也慢慢舒缓下来。接下来的教学中，我再次演示了“复制”和“剪切”的操作，给学生讲解了它们的区别。这节课的教学效果出乎意料得好，学生们几乎全部掌握了“复制”“剪切”“粘贴”等操作。

绘本故事课

在绘本故事课上，通过绘本阅读，学生在潜移默化中把其中的美好寓意逐步内化为自己的道德认识，最大限度地挖掘和发挥每个学生的优势和潜能，有效补偿其智力和适应行为的缺陷，使他们学会做人、学会生存，能够自理、自立，进而融入社会。

如“我去刷牙”生动地描述了刷牙的步骤及其原则：“吃完饭要刷牙。拿着牙刷和杯子，刷牙去喽！开始刷牙了。上面的牙，刷刷。下面的牙，刷刷。右边的牙，刷刷。左边的牙，刷刷。再含一口水。咕噜！咕噜！唔—噗！好了，刷完牙了。晚上也要刷牙哦!”在我的辅导下，特殊学生通过该阅读，乐此不疲地揣摩练习刷牙，形成了良好的卫生习惯。

在绘本《我是彩虹鱼》的导入部分，我问学生“你们家里是不是都有好多玩具和书?”学生们争先恐后地回答“是。”但当我说“能不能把这些玩具和书借给老师呢?”教室里出奇得安静，没人愿意把玩具和书借给我。但是，通过绘本的讲读，当讲到彩虹鱼将闪光鳞分给小蓝鱼时，我问学生“彩虹鱼是一种什么样的感受？为什么?”一个中度特殊的学生回答说：“它感到很快乐，因为分享，我要把我的玩具和书拿来借给老师，和你一起分享我的快乐。”通过绘本故事的呈现，让孩子在欣赏、思考中体验友谊的珍贵和分享带来的快乐和幸福。

绘本《菲菲生气了》是一个情绪管理的故事。当菲菲玩得正高兴时，姐姐抢走了她正在玩的大猩猩，菲菲非常生气，她甩上家门跑出去，在树林里哭了一会儿，心情稍稍平静下来，后来她爬上了一棵大树，微风、海浪和广阔的视野使她受伤的心灵得到慰藉。她又穿过树林，还听到各种动物的声音，最后心情愉快地回到了家里。故事中作者用细腻的笔触把菲菲的情绪变化刻画得淋漓尽致，能引起特殊儿童的情感共鸣，形成良好的暗示。我指导特殊学生在阅读中理解菲菲情绪变化的过程及其原因，使他们能正确认识、合理对待自己的情绪，设法摆脱愤怒、悲伤等不良情绪，重新让自己快乐起来。

通过菲菲告诉特殊学生们，情绪化是每个人必须面对的，愤怒也是会消失的，我们要学着了解它、处理它，管理自己的情绪，形成良好的情绪调节能力。

自信是完美自我的力量

李福国

自信需要培养，自信需要张扬，自信需要放飞。当教师把自信的种子植入残疾学生的心中时，它可能发芽迟缓，可能生长较慢，但肯定会迎来花期。

班中有一名魏同学，他在家经常与叔叔家的弟弟妹妹一起玩，在学校时他曾对我说过，他和弟弟妹妹玩牌，他总是输，一次也没赢过。他说的时候特伤心，眼里含着泪花。这件事给我的触动很大。的确，特殊儿童因生理或心理上的某种缺陷导致学习、生活中的某些失败，消磨掉了他们的自信心，周围人的偏见，又往往把他们心理上的特殊性看成“不正常”，关注的是他们不能干这干那，认为他们无能，甚至排斥和歧视他们，由此更加剧了他们的自卑，“我不会”“我不行”自然而然地成为这些学生的口头禅，久而久之，形成了一种消极的自我暗示和自我评价。一个学生凭着这种心态面对学习、生活，就无法挺胸抬头，无法走出“智障”的阴影，将来也很难自立于社会。因此增强学生的自信心，是特殊教育的首要任务。

班上还有一位房同学，因为有问题行为，其他同学都不愿与他一起玩耍，让房同学倍感孤独，缺乏自信心，为了能够帮助他重拾自信，我经常给予房同学一些鼓励，晨会课上发挥他的优势，多让他领读儿歌；课堂上多给房同学提供展示才能的机会，多让房同学回答问题，或有意识地提问浅显的问题，使他对学习产生兴趣。课余时间，对遇到的问题及时疏导，多与他谈心交流。

与此同时，鼓励他多参与学校、班级举办的活动或比赛。如学校古诗背诵比赛、儿歌背诵比赛、广播操比赛、穿衣穿鞋比赛，班级的写字比赛、扫地比赛，都让房同学参与其中，帮助他与同学建立友谊。经过一段时间，房同学的自信心明显增加了，哭闹的现象逐渐减少了。

我们班上吴同学活动有障碍，需要进行感知机能和肌肉活动机能训练。

感知机能和肌肉活动机能训练一方面要通过训练提高、增强智障儿童的感受能力、活动能力及身心协调动作；另一方面，通过增强感知活动和肌肉活动，对大脑的刺激频率和大脑本身的分析、综合、调节活动的锻炼，以促进大脑机能的修复和补偿。

学校根据学生成长的实际需要，采购训练学生感知觉统合训练设备，有针对性地对学生进行综合训练，来补偿学生感知觉的缺陷。如：平衡木、跳床、秋千、袋鼠跳等感知觉训练设备，充分利用这些设备，对学生进行多方面的训练。感知觉统合设备，主要是针对低年级学生进行训练。根据每个学生感知觉的缺陷对学生进行训练。如：吴同学不会屈膝，不会跳，因此，在感统训练课中，主要训练吴同学对跳的感觉，充分利用跳床，让吴同学在跳床上模仿老师的动作，让跳床的弹力反作用在吴同学身上，利用跳的信息刺激感知觉的器官，从而刺激大脑皮层，让他初步感觉到跳的力量。通过一个月的训练，吴同学学会了屈膝，通过一年的训练，吴同学能初步跳起来。

利用感知统合训练器材，矫正学生感知觉的缺陷，减少学生多动、手无意识颤抖、注意力不集中等情况。通过对感知觉统合训练设备频繁地触摸和设备对学生的丰富刺激，补偿学生的身体缺陷，提高学生的感知觉的能力。

比赛，能够使学生看到自己的进步，增强学生学习的自信心，学校通过多种比赛形式，如个人比赛、分组比赛、集体比赛等，感受到自己成功的乐趣。如做仰卧起坐，训练学生对身体起落感知的同时，也训练了学生的身体大肌肉群活动。在学生掌握的基础上，组织学生进行比赛，表演给大家看。每个学生都希望在比赛中获得第一名，所以每个学生都尽自己的全力去做，增强了学生完成感知能力训练的信心。

通过自己的能力取得第一名，让大家看到自己所取得的成绩，受到家长的肯定、老师的表扬，这些都鼓舞着学生学习、训练的自信心。

只要我们充满自信、科学管理、耐心呵护，我们就一定会收获这些花蕾结出的硕果。

一只慢飞的鸟

李万军

我是一只慢飞的鸟，妈妈说她自己的这棵矮树已经托不起我的明天，我必须要上学，那里可以通往我的未来，在一个有障无碍的世界，和你们一起飞翔。

这是一个自闭症儿童的自我介绍信，是孩子走进学校大门之前妈妈精心制作的小册子上的话语。最真实地展现了特殊儿童家庭对孩子成长的渴望和对学校的期待。

“我的特殊在哪里?”

“2 岁半以前，我聪明伶俐，能说会道，人见人爱。”

“2 岁半以后，我突然不说话，突然不爱理人，突然不会上厕所，会背的儿歌、古诗消失了。”

“医生告诉爸爸妈妈这是一种发育障碍，叫孤独症。”

“这不是病，没有药，没有仪器可以治疗。”

“唯一的康复方法就是教育。”

我曾经因为缺少对残障儿童教育服务的相关知识，不太了解依赖康复对残障儿童的意义，亲自拜访了妇幼保健院的院长。

院长说，婴儿从被发现到确定为残障儿童是在 2 岁左右。实际上这种筛选在妈妈怀孕的那一刻就开始了，甚至可以延伸到婚前检查。他说，我国从强制婚检到自愿免费婚检的这个过程走得太快了。如果强制婚检再坚持一段时间，那些带有家族遗传性质的疾病就会减少很多，尤其是精神类的疾病或者代际遗传的智力缺陷会提早发现，采取必要的措施。但是，在自愿婚检出来以后，人们的思想意识没有达到那个层次，新生儿残障发生率反而增加了。尤其是一些家族中出现过的精神分裂疾病或者大脑发育不全的问题往往被忽视了。比如癫痫，是一种脑神经疾病，这种病有很强的家族遗传性，平时什么事没有，发病也很短暂，但是属于遗传类疾病，对下一代的生活会有很大的影响。

院长还说，以前人们自觉地遵守一个原则就是近亲不通婚，最起码是五服以内不能通婚。古埃及的灭亡，一个主要原因就是兄妹结婚。他们为保持王族血统的纯正和长期拥有统治权，基本上是兄妹通婚，通过大量生孩子，选择智力、体质等方面好的继承王位，但事与愿违，最终埃及王朝灭亡，随之而来的是让古埃及文明彻底在地球上消失了。现代社会是人口大迁徙的时代，人们不注意这些，但是潜在的危险也快速显现，在人类学的发展上，这方面的研究还是很匮乏的。

我国的产检技术突飞猛进，从目前看，一般的问题能够在产检的过程中被发现。比如，唐氏综合征。怀孕以后，只要严格按照产检计划，按时建档、按时产检，谨遵医嘱，唐氏综合征是能够被及时发现并采取必要措施的。院长也提到，产检并不能百分之百地筛选出问题胎儿，比如，精神类问题基本上无法提前筛选出来，自闭症也很难在产检的过程中被发现。

还有，母亲生产过程就是人类所面临的最“凶险”的一件事，俗称“过鬼门关”。婴儿出生的过程本身就是一次生与死的选择。早些时候，凡是遇到难产，就是生死的选择，要么保大人，要么保孩子，必定是二选一的生死抉择。这也许就是人类为了保持人口质量的一个自我选择的过程。老天爷认为这个孩子来到世界上是不应该的，在他准备来到世界上的第一关就给卡住了，也许这就是自然淘汰。

现代医学已经非常发达，遇到难产、胎位不正等非正常现象，为了保证胎儿和母亲的生命，往往采取剖宫产、产钳助产等人为助产方式，但是这个过程很容易造成婴儿出生以后出现问题。比如剖腹产的孩子普遍安全感不足，抑郁症的发病率比顺产孩子高。

我和院长的谈话，让我真真切切地理解了残障儿童家长的很多不可理解的行为，他（她）们是最无助的群体。

家长从开始就不愿意接受这一切。拼命奔走于各大医院，从恐惧到最后的崩溃，这个过程有半年左右，常人根本无法理解这样的过程。

3~6 岁是残障儿童康复训练最重要的黄金阶段。可是，让家长接受这些很不容易。妇幼保健院的院长说，我们国家对下一代的关心在世界上可以说是无与伦比的。新生儿出生就开始建立健康追踪系统了。一个婴儿出生的 49 天，按照国家的规定就会进行系统的身体健康评估并记录在案。按照免疫计划，督促家长按时进行计划免疫和健康追踪。一旦发现问题儿童，会有专门的康复机构对孩子进行免费的康复指导和训练。如果是残障儿童，残联的和妇幼保健院的康复部门会联合进行干预，极大地提高了残障儿童的生存质量。

我们从一名自闭症儿童入学前的简单记录，可以窥视一些残障儿童的康复之路：“该生 0~2 岁半以前正常有语言，2 岁半左右确诊孤独症，多方就医收效甚微。3 岁开始康复，半天机构，半天幼儿园。7 岁进入幼小衔接融合班，熟悉小学生活流程。可以表达简单需求，自己可以洗漱、收拾碗筷、扫地等，会跳绳、拍球，简单的拼音、汉字、加减法等，喜欢参与游戏活动。”

这个孩子的症状还是比较轻的，然而家长对这个孩子的期望值很高，一直盼望着孩子能够恢复到正常状态。经过我们评估和分析孩子的医学检查材料，孩子的智商目前是 5~6 岁的水平，已经很高了。从我们与家长的接触中强烈地感觉到，家长只是接受了孩子是一名自闭症患儿，但还是坚定地认为随着年龄的增长孩子会逐渐恢复，甚至不会比常人差。这对于义务教育阶段的学校来说，是当前遇到的普遍挑战。

教育从尊重生命开始

李万军

3~6岁是家长企盼孩子奇迹出现的最迫切、最需要帮助的阶段，也是孩子康复的黄金时期。无论这个黄金时期是否抓住，6岁以后将是孩子和家长为了生存与自身抗争的开始，因为到了上学年龄，意味着无论是否接受现实都该为孩子的未来做长远考虑了。

对残障儿童的教育，我很认同融合这种教育形式。

融合教育是指将身心障碍儿童和普通儿童放在同一间教室一起学习的方式。它强调的是给身心障碍儿童一个正常化的教育环境，而非隔离的环境，使特殊教育与普通教育合并为一个系统。

这里体现的是“同一”：同一间教室、同一个环境、同一个教育系统，而非隔离。进一步说就是和普通学生同样的管理，同样的课程学习，同样的活动场景，同样的情感态度价值观。融合的基础就是情感态度的同一性。

生命情感对教育的最直接意义，在于对个体生命的无差别接纳、肯定、激励、褒扬，是对生命无条件地热爱，是积极的情感体验，自由舒展的空间，不断引导生命个体向上再向上。所以特殊教育不是“特殊待遇”，不是简单的、有意的教育设计，而应该是适宜的、体现同一性的教育文化。由于特殊学生本身的残障缺陷，与生俱来的“不同”，很容易被有意或无意地“孤立”起来，融合教育就是为了打破这种局面。这不单单是教育平等与教育公平的体现，更主要的是对生命的尊重，是生命关怀的需要，其本质就是生命情感的积极体验。

为了让这些孩子尽快地融入集体中，在入学教育阶段，我们就要求班主任老师和有这个班级教学任务的任课教师，都要学习有关自闭症的相关知识，首先在认知上接纳自闭症儿童。通过观察接触和家长访谈在情感上认同自闭症儿童，建立自闭症儿童教师情感支持共同体。

在班级中树立互相尊重、互相帮助的集体精神，鼓励小朋友互相帮助、相互亲近，表扬爱心典型，树立班级榜样，建立班级情感支持共同体，促进所有学生迅速地融合在一起。尤其是互相帮助、互相表扬、互相鼓励的班级氛围建立起来以后，自闭症的学生就自然地融入集体中了，其他同学没有觉得他的特别。

我们也建议老师挑选一名特别“懂事”的小朋友做他的同桌，给他任务，互相帮助，一起成长。

“怎么都是跟李某某学的呢？”

这是入学一段时间以后，孩子妈妈的疑问。老师们听到以后都舒了一口气，会心地笑了。

自闭症儿童很难准确理解教师的指令，对语言也不是很敏感，学校建议教师用图片作为重要的学习提示和供孩子模仿学习的工具。同桌也特别热心，俨然成为“大姐姐”，能够做到时时帮助这位“特别的同桌朋友”。孩子的成长是明显的，所以才会出现家长的疑问：为什么“都是跟李某某学的？”

自闭症儿童的内心是封闭的，他们活在自己的世界里，越是症状严重的孩子越封闭。唯一能够走进他们世界的办法就是情感的温度，长时间情感温暖和坚持不懈的心灵呼唤，这个班级、这些教师和那个小女孩恰恰做到了。上课起立，她会拽他一下，小男孩不知道为什么要站起来，但是看到小女孩这样做和她的眼神也就站起来了；当教师要求把物品放在桌子右上角时，小女孩会监督和指导他把物品放到位；小男孩不懂得排队是什么意思，班里的小朋友，尤其是所在位置的前后左右的小朋友都会主动拉着他一起排队，用肢体语言纠正他的问题。

我们发现，儿童之间的交流与沟通，有一套他们自有的方式，并且非常有效。我们认为这就是所谓的心灵沟通。伙伴情感支持对于自闭症儿童融入集体尤为重要。长时间的接触，小男孩认同、理解了小女孩的情感、语言、动作和指令，逐渐开始学会一些东西了。教育是有温度的，知识是带有情感的。所有的知识传递都需要情感作为媒介。弄明白这一点，就深刻理解了教育的真谛。

打开自闭症儿童的内心世界，生命情感的体验是一把金钥匙。

一节特殊的劳技课

李　雪

目前，特殊教育学校还没有统一的劳技课教材。对于第一次担任劳技课训练任务的我，只能跟着其他班的教师有样学样。

有一节“折直线”课，康复目标是能用纸张按照标准线折出直线，初步感知直线的概念，能找出身边最常见的具有直线特点的物体。康复重点是能用纸张按照标准线折出直线。

我在让学生们动手前，做足了准备工作，如：描画直线、寻找直尺、选择纸张等，并非常仔细地示范折纸动作和复述折纸要领，但学生折起纸来仍困难重重，不是折斜了，就是没按照标准线折，这可急坏了我这位没经验的教师，一节课下来，师生都疲惫不堪。

下课后，我冷静下来重新审视学生的现有水平：年龄偏小，童心很重，生活技能欠缺，理解能力相对较弱，动手能力不强。当我把这些列在纸上后，不禁莞尔一笑，我笑自己忽视了学生的发展规律和自身局限性，让那么小的孩子练习那么枯燥乏味且看上去没有实际用途的事情，还不如教给他们简单实用的生活技能。

接下来的一节课我没有继续训练学生折直线，我告诉学生们要把它作为奖励技能，哪个学生有兴趣并表现突出，我便教他这项技能。根据学生的特点和我的课前调查，我改教“扣扣子”（班里学生大都不会扣）。“扣扣子”的康复目标是认识各种扣子，掌握常见的扣扣子的方法，树立正确的劳动观念，养成热爱劳动的好习惯。康复重点是扣扣子的方法。

片段1：

课前将学生分成三组呈三角形围坐，每三人一组，教师和两名能力较弱的学生一组位于中间位置。每组桌上的工具箱里摆放各种形状、颜色和材质不同的纽扣，还有一组一组的子母扣和拉链……

上课伊始，播放小朋友自己穿衣扣扣子的录像。

教师：你们会自己扣扣子吗？

学生回答。（大多数不会扣）

教师：今天我们就来练习扣扣子。看看你们的工具箱，里面有很多扣子。拿起来摸一摸，看一看，你能说出它们的颜色和形状吗？

学生们纷纷看着、摸着工具箱里的扣子，并和组内同学互相讨论、比对手中的扣子的颜色和形状。

教师：谁愿意向大家介绍一下自己手中的扣子？

学生1：我挑的扣子是红色的，圆形的。

学生2：我的扣子是绿色的，方形的。

学生3：我的这个扣子也是红的，也是圆的，但是比他的大（比生1的大）。

学生4：我的扣子是蓝色的，像一个小圆球。

……

简评：在劳技课中我们不仅要训练孩子学会各种实用的技能，还要将知识的范围扩大，加强学生在认识颜色、形状方面的训练。学生通过看、摸，加强生活体验，认识了更多的纽扣。这是学生独自研究的伟大成果，他们沉浸在自主探究的惊喜与自豪中，学习兴趣浓厚，语言也在认识和研究中得到发展，为下一步学习扣扣子做了很好的铺垫。

片段 2：

教师：同学们刚才的表现非常棒，老师带来了一位小熊朋友，他的扣子开了，我们来帮他扣上吧（在投影仪上演示扣扣子的过程，边做动作边描述扣扣子的要领）。

学生：（认真观看。）

教师：老师已经帮小熊扣好一个扣子了，但是他衣服上的扣子实在太多了，你们愿意帮他扣好吗？

学生：愿意！（兴奋）

教师：那就开始吧。

把布偶分到各组，学生开始动手扣扣子，教师主要指导两名能力较弱的学生，空隙时间察看其他学生的掌握情况……

简评：以帮助小熊为由，激发学生的康复兴趣，培养学生主动帮助别人的品质。在投影仪前演示可以让每个学生都能清楚地看到动作，将布偶分到各组可以让每个人都能有练习的机会。

片段 3：

教师：我们已经帮小熊扣好扣子了，我们会给自己扣吗？试一试吧！

教师：现在我们闭上眼睛，先摸一摸衣服上的扣眼和纽扣都在什么位置上，然后再试着扣一扣。

学生解开自己的扣子开始练习。

教师：扣的时候大家想一下刚才是怎么帮小熊扣的，一手捏住扣子，一手摸准扣眼，对齐后，将扣子塞进扣眼……

经过反复练习，学生们都掌握了扣扣子的技巧。课间休息时，孩子们仍在练习扣扣子，有的是给布偶反复扣扣子，有的是同桌之间互相扣，有的干脆给自己反复地扣，看着他们认真的样子，我真庆幸自己更改了康复训练内容。

……

课已完，兴犹浓。帮助别人扣扣子比较容易，因为能够清楚地看到扣眼和纽扣的位置。给自己扣时因为看不到顶端的扣眼和纽扣的位置，很容易张冠李戴。特教学校的孩子感知能力相对较弱，需要加强这方面的训练。初次尝到成功的滋味使学生们很兴奋，他们体验到了劳动的乐趣，并在掌握生活技能的同时锻炼了自己手、眼、脑的协调能力和小肌肉群。

每位从事劳技课教学的教师都要以学生为中心，从一次次失败中吸取教训，从偶尔一次“无心插柳柳成荫”中积累经验，有意识地教育学生树立正确的劳动观念，培养他们正确的劳动态度和吃苦耐劳、团结互助的劳动精神。

“雪”融化了我的思绪

李　雪

从早上开始，天空就阴沉沉的，天气预报说北京会迎来一场大雪。我坐在办公室里既期待又担忧，期待的是大雪能解决干旱的问题，担忧的是学生会被大雪阻隔在上学的路上。

果不其然，好几位家长都因为担心天气给孩子请了假，只有坤坤一个人按时到校。而大雪也终于在第四节课时如期而至……

看着外面纷纷的大雪，我和王老师商议临时调换教学内容。因为对于特殊儿童来说，理解自然现象的概念太难了，虽然可以通过观看视频来辅助学习，但没有实物给人的感官体验更生动、形象，教学效果更是相差甚多。

下午第一节课我们通过图片、视频认识雪花，了解“降雪”这种自然现象，认读“雪”字。第二节课开始帮助坤坤理解“雪”的性质、特点。我和王老师利用体育活动时间带着坤坤到操场上感受“雪”。

我们穿上厚厚的羽绒服，戴好围巾、帽子，仰着头，闭着眼睛，手心朝上接着雪花。感知雪花落在手上、脸上的温度，仔细聆听雪落在身上、地上的声音……然后我们慢慢地睁开眼睛，看到彼此的帽子上、羽绒服上，甚至眉毛和睫毛上都覆盖了不同厚度的雪花！

我们指着对方哈哈大笑，笑话对方成了“圣诞老人”。我和王老师带着坤坤在雪地上印手印、踩脚印，还一起在雪地上画画！但是这些还是无法满足我们玩雪的需求。我们觉得，这一点刺激还不能让坤坤对“雪”念念不忘。于是，我和王老师往坤坤身上洒了一点雪，然后跑开了。坤坤纳闷地看着我们，然后我又朝王老师身上投了个雪球跑开了，王老师一边笑着攒雪球一边追我，我边跑边朝坤坤又砸了个雪球，这回他明白了，再也不是站在原地，而是和王老师一起追我，还不断地往我身上扬雪。我们仨你追我赶，玩得不亦乐乎。考虑到天气寒冷，我们拍了几张照片就高高兴兴地回教室了。

回到教室，我们一边看照片，一边有一搭没一搭地和坤坤聊“雪”，他虽然表述得语音不清，但是看他手舞足蹈的样子就知道他今天玩得很高兴且掌握得不错。在交流的过程中，坤坤说了好几个新词，并且表现出对“雪”非常浓厚的兴趣。这让我和王老师也异常兴奋，我们一致认为今天的教学活动非常成功。

下班后，我抑制不住激动的心情，迫不及待地将下午拍的照片分享给坤坤的妈妈，坤坤的妈妈非常感动。她觉得这些照片非常珍贵，她从孩子的脸上感受到了快乐。她说自从坤坤上学后，表达能力提高了很多，非常感谢老师的教导。随后我们又沟通了坤坤最近的学习情况……

结束与坤坤妈妈的交流，我又重新陷入沉思：作为特殊教育的教师，我最应该教给学生的是什么呢？是知识吗？应该不是，因为很多知识对他们来说无用武之地。是常识吗？应该是的，但不仅仅是。常识可以帮助他们健康成长，但无法满足他们对更高品质生活的追求。还有什么呢？应该还有习惯！良好的习惯不仅可以帮助他们更好地生活，还可以让他们得到更多人的喜爱。这些就足够了吗？还应该有感知美好生活的能力。我最应该教给学生的是：能够闻得到花香，看得到美景，听得到美妙的声音，品得出食物的美味。

当袭来的微风中夹杂着淡淡香气时，能够闭上眼睛轻轻地嗅上一嗅；当身上盖着刚被太阳晒过的被子时，能满足地说一声“好暖和”；当抱着毛茸茸的小动物时，能宠溺地抚摸它的毛发。更应该帮他们感受到周围人的善意与谦让、家人的包容与厚爱……这个世界很美好，需要我们用心感受。

清风，明月，夏虫，冬雪，皆为大自然的馈赠，引导特殊儿童感知生活的美好，去发现爱，体验爱，才是我最应该去做的。

田田的一节运动课

刘 健

第三节是运动与保健课。我带着二班的 4 名学生来到体能专用教室，按照运动与保健课的要求进行列队、整队和热身等活动。

其中一名学生叫田田，是个自闭症儿童。他长得胖乎乎的很壮实，干净漂亮。他注意力不集中，时刻需要声音的刺激，做事情的时候胖胖的小手总会不停地拍桌子、敲墙壁、十指轮换地敲打等制造出声音。经常做的就是双手在眼前轻轻拍，接着在左右耳边轻拍，然后前后大幅度地拍出响亮的声音，最后会双手交替着用力拍胸口，动作连贯刻板。田田精力充沛，每天的课间操他都会连跳带蹦，非常开心，不知疲惫。唯一能让他停下来的就是看天上的飞机，这时他会一直盯着飞机直到没有踪迹。班主任时常会提醒他站到队伍里和同学排队走，他开始时不理会老师，一定要围着操场跑上几圈，累了后再走到队伍中。今天由于天气原因没有到操场上活动，田田有点不适应，导致课上异常兴奋。他不停地左右晃动着身体，双手交替着拍胸口或击掌，嘴里还发出“叽叽叽叽”的声音。我决定加大他的运动量，让他的能量释放出来。

热身结束后，先安排了大强度的双脚立定跳的复习。垫子上的圆点有红黄蓝绿不同的颜色，同学们非常喜欢这个活动，会从一个圆点跳到另一个圆点，一个跟一个有顺序地跳。田田总想游离在圈外，我拉住田田的手，他想用力甩开我，几次没有成功，我就和他一起跳。他个子高、身体重，半蹲、摆臂的动作做不到位，或迈过去或跳到圈外。动作标准时我就会表扬他："田田，这个动作对了，我们继续加油。"田田不回答我的问题，我就带着他用力跳到下一个圆点上。连续 5 分钟后，消耗了他一部分体力，田田的动作明显慢了下来。

本节课活动的内容是肘膝着地爬，要求学生身体成跪地姿势，双臂屈肘，双肘着地，两前臂放在头两侧，头抬起，爬行中肘膝异侧同步向前移动。教师讲解示范时，田田就手膝着地从教室一端快速爬到另一端，开心地跳起来，嘴里不停地"叽叽叽叽叽叽"。由于班里 4 名学生中有 3 名患自闭症，集体听从指令很难，我暂时放弃了集体活动，一对一地进行动作辅导，逐一带领学生进行运动示范，强调动作要领。辅导田田时，他在不停地晃动着身体，开心地自己玩着。

"田田，过来。"我用简单的指令叫他。

"不过来。"

"田田，学会这个动作，老师奖励你玩 5 分钟秋千。"

田田仍旧不停地晃动着身体，开心地自己玩着。

"田田，想玩秋千吗?"

"想!"

"找老师来，我们先学会爬这个动作。"

田田最喜欢玩的就是秋千……

我把田田拉过来想让他先做爬的预备动作，他手膝着地已经快速地爬到另一端。我拉住田田看其他同学的动作，告诉他动作要领，是肘着地而不是手着地。接着我协助他将双肘着地，让蛋蛋和他一起爬行。我跟在他身边反复提示动作，协助他保持在轨道内进行。进行了几个回合后他逐渐掌握了运动方法，我兑现承诺让他玩了 5 分钟的秋千。

这次活动，我使用了自闭症儿童运动训练的行为分析疗法，即通过分析学生的情况，给学生设定目标任务，然后反复训练，完成任务。第一步，分析能力，设定目标。田田的大肌肉运动能力、动作协调能力比较强。他会手膝着地爬，动作非常迅速灵活。第二步，分解任务，强化训练。即需要把动作分解成几个简单的步骤，再逐步训练。每次训练只针对某一个分解步骤进行，每完成一个分解步骤就算一次任务达成。活动中我重点训练他的肘着地，在他身边一直反复提示、反复训练，直到他基本习惯并逐步掌握。第三步，给予奖励。孩子每完成一个任务，我们都必须给予奖励，可以是口头表扬，也可以是奖励食物、玩具等。自闭症孩子的行为和情绪调节对于他们的成长和生活都非常关键。他们通常需要额外的支持和指导，才能学会适应社交环境和解决情绪问题。在这个过程中，奖惩机制可以起到积极的作用，帮助他们更好地管理自己的行为和情绪。

孤独症儿童的内心世界十分隐秘和脆弱，他们的哭泣和喋喋不休的自言自语是对外界的一种反抗。作为教师，要看清孩子的问题，读懂孩子的需要，满足他们的需要，在满足需要的基础上促进孩子的自我成长。

做特殊生命的守护者

王 华

我在北京市大兴区特殊教育中心工作了 9 年。在此期间，我的生命中多了许多与众不同的特殊孩子。他们有的智力发育迟缓，有的语言发展存在障碍，还有的迷失了自我，沉浸在孤独、迷茫、无助的世界中。

然而，最让我记忆犹新、念念不忘的，还是那些以残薄之力，奋力向前、勇敢地与命运抗争的自闭症儿童。

明明就是这样一名让我感动、给我惊喜、促我成长的“来自星星”的天使儿童。

新来的转学生

一天，教务处的陈主任通知我和高老师：“有一名自闭症男孩，从丰台一所学校转到了我校的四年级。今天下午来学校报到，您两位班主任和家长、孩子见见面，做好基本的评估和接收准备。”

下午放学后不久，一位妈妈敲响了我们办公室的门。

“老师好，我找王老师和高老师!”

随着有些迟疑的问询声，一位看起来稍有局促但很有礼貌的妈妈，拉着一个双手捂耳、紧眯双眼、口中不时发出“汪汪”叫声的小男孩推开了办公室的门。

“您好，我和高老师正等着您和孩子呢。”

我赶紧站起来迎上去，安排母子二人来到高老师的办公桌前坐下。也许是因为陌生的环境、陌生的老师，小男孩有些紧张和胆怯，紧紧地依偎在妈妈身边，不肯立即坐下。

我和高老师没有强求他。

简要的交流之后，按照之前商定的沟通计划和内容，高老师继续向家长了解孩子的残疾类型、既往病史、是否服药、孩子监护人以及家庭情况等重要问题，同时，安排家长填写一些关于学生和家长的基本信息；我则借助玩具和测评工具，以做游戏为理由，进行一些基本能力的测评。

“你好！我是王老师，你能告诉老师，你的名字吗？”

我用缓慢、清晰、柔和的语调轻声问道。

小男孩用紧张、羞涩和焦虑的眼神回答了我的提问。

妈妈不是说孩子能听懂日常的对话，有一定的表达能力吗？我内心不由地画了个问号。

于是，我尝试着轻轻拉他的手，握着他的小手温柔地说道：“妈妈告诉王老师了，你是一个聪明乖巧、礼貌、听话的好孩子。在王老师向你问好时，你是不是也该回应一下王老师？”

这次，他稍稍抬起头，偷偷看了我一眼，而后立即又回避了我的目光，嘴里控制不住地发出两声“汪汪”的叫声。

一旁的妈妈急忙给予提示。我也继续用慈爱和信任的微笑鼓励着、等待着……

“汪汪——汪汪——老师好！我叫明明。”

终于，明明用充满迟疑、胆怯、几乎听不到的声音回应了我。

“哇！明明真棒!”我立即伸出大拇指，充满热情和喜悦地给他点赞。而后再次拉起他的小手，并轻轻地将他揽入怀中抱了一下。

接着，我们一起玩起了积木。渐渐的，明明不再那么紧张和焦虑，和我互动时，也变得轻松自如了起来。

于是，我趁热打铁，又拿出几张图文卡。

“明明，王老师这里有几张图卡，你能告诉老师：图卡上有什么吗?”

“嗯——苹果——草莓——电话——书包——汪汪。”

测评继续进行。我又拿出事先准备好的拼图、拼插玩具、彩笔等测试工具，通过问答、游戏、模仿、互动等方式，对明明的感观、思维、精细动作、观察模仿、身体协调等方面的能力，进行了一个基本评估。

我惊喜地发现，尽管明明的回答多数是用简单的字或词，但正如妈妈所说，他还是有一定的认知、记忆和语言表达能力的。特别是动手能力和模仿能力，表现得尤为突出。这也让我对明明今后的学习和康复有了一定的期许和信心。

适应新环境

初入班级时，明明总是一副小心翼翼、战战兢兢、拒人以千里之外的神情。

课上，当老师提问他时，他还是会紧张地用双手捂住耳朵，涨红着小脸，用大声和急促的“汪汪”声作为回应。

到了课下，他经常是一个人局促不安地坐在自己的椅子上。有时，在老师的引导下，他也会独自一人做些拼图或是拼插游戏，但从不主动和老师、同学们讲话或交流，更不会和同学们一起开心地说笑或是游戏。

这种状态一直持续了三四天。家长和老师都很着急。于是，我和高老师开始尝试寻求一些有效的办法，努力创设一个他能感受到安全、舒适、友好、放松的班级环境。

课上，我们会时刻关注他的情绪状态和行为表现，一旦他做出回应或是完成了学习任务，我们会立刻表扬、点赞，外加鼓励和鞭策。

到了课下，我会加入他的单人游戏中，和他一起拼图，跟他一起搭积木，并有意寻找机会，安排其他同学和他一同互动、游戏。

慢慢地，明明开始变得不再那么紧张和焦虑了，脸上的笑容也越来越多。学习上也表现得越来越自信、主动。和老师、同学的互动也越来越频繁、和谐。

大约半个月之后的一个早晨，明明妈妈送孩子上学时开心地告诉我和高老师："现在，明明早晨上学时，不再像刚转来时磨磨蹭蹭、不情不愿、消极抵触了。每天放学回家后，情绪也很好，很少有闹情绪、发脾气的时候了。"

我和高老师也向妈妈介绍了明明在学校的情况，告诉她，孩子已经基本适应了新的学习环境，各方面都表现得不错，请她放心。

突发意外事件

正当班主任和家长都倍感欣慰的时候，一件突如其来的事让我和高老师对明明有了更多的了解，也让我们的内心平添了一种不安。

一天下午的课间，孩子们都在休息，我正站在教室前提醒孩子们喝水。突然，伴随着一阵急促而尖锐的"汪汪"声，明明用力地将自己桌上的积木推倒，并用右手虎口处击打着自己的下颌部。孩子们都被这突如其来的状况惊吓得不知所措。

我赶紧冲过去，把他拉入怀中，双手抱住他的身体，同时控制住他的双臂。高老师也急忙过来安抚其他同学，并组织孩子们回到自己的座位上坐好。

我轻轻拍打着明明的后背，柔声安抚着他的情绪。过了好一会儿，他才慢慢放松下来，身体不再那么紧绷，慢慢地将头埋入我的怀中，开始低声地啜泣起来。我继续轻抚着他的后背，努力用温柔的语言和轻柔的动作平复着他的情绪。

又过了一会儿，他才基本恢复了正常。我和高老师也从同学们混乱的描述中了解到明明情绪爆发的原因——搭好的积木被坐在旁边的同学推倒了一角。

于是，我请那位同学捡起掉落的积木，并向他表达了歉意。也许是感觉到自己刚才的行为是不对的，明明有些羞涩地看了看我，然后轻轻地拉了拉同学的手。我没有再说什么，而是请那位同学帮他一起重新搭好了积木。

快上课时，看到明明的情绪已经恢复，我轻轻地摸了摸他有些红肿的下颌，开始引导他。

"疼不疼？"

他摇了摇头，继续搭积木，好像什么事情都没有发生一样。

"下次再遇到这样的事，要告诉老师，不能随意发脾气，更不能做出伤害自己的事情，记住了吗？"

这一次，尽管我知道他的情绪上来时不一定能控制好自己，但还是用意思明确、语气坚定的严肃口吻向他提出了要求。

"嗯——知道了——汪汪。"他抬起头小心地看着我，有些胆怯地点了点头。

放学时，怀着忐忑和自责的心情，我和明明妈妈进行了沟通，详细讲述了事情发生的经过和处理过程。

“事情发生得太突然，我根本来不及拉住孩子的手。”我心疼地指了指明明微微红肿的下颌，真诚地向家长表达了歉意。

出乎我意料的是，他的妈妈只是拍了拍明明的头说：“没事儿，明明在家里也会出现突发的情绪问题，有时也会出现用手抽打自己下颌或头部的情况。我和孩子爸爸也是防不胜防。您和高老师今天处理得已经很好了！其他孩子没有受到惊吓吧？今天真是让您和高老师担心了！”

也许是感受到了我的内疚和不安，她没有说一句埋怨和责怪我的话，反过来却连连安慰着我：“王老师，您真的不用难受，我们真的很理解，也很信任您。从第一天看到您和孩子互动的时候起，我就很放心地把孩子交给您了。孩子转到咱们学校，这么快就融入班级中，这些都让我们感受到了您和高老师的付出。”

“谢谢您对我们的理解和支持！”

现在，明明已经毕业离开了特教中心。通过微信我了解到，他们的生活一切都在向好的方向发展。

作为特殊教育战线上的一名教师，能给这些残疾孩子带去一线希望和光明，能让被现实折磨的家长感到一丝慰藉和鼓励，是我们特教人生命价值的最高体现。

用爱开启那一扇心窗

吴春英

金秋的9月，太阳依然炙烤着大地，我满怀希望，走进任教的新班级，进行手工美术的教学。虽然在开学前就班里学生的情况和班主任进行了长时间的沟通，对学生的基本情况如个人的症状、具体喜好等有了一定的了解，但还是对学生的具体表现心存忐忑。

走进低年级教室，4个清一色的男生映入我的眼帘，一个唐氏综合征，3个自闭症，其中一个高大白净的男生田田正在“叽叽叽”地尖叫，一只手不停地拍着桌子，一只手捶胸抓头发。

这时，上课的铃声响了，我决定从训练常规开始这节课的教学。

“上课。”“起立。”“同学们好。”“老师好。”“同学们请坐。”

我分别发出指令，并进行个体辅导。这时，田田起立后，用手不停地揪头发，眼睛直直地看着自己揪下的头发，突然发出一声尖叫，然后继续揪头发。我连忙走过去用手轻轻地帮他按摩头部，并温和地和他交流。

“田田，舒服吗?”

“舒——”

“舒”从田田的嘴里发出，虽然只说了一个字，但是，田田终于张嘴交流了，我心里乐开了花。

看到田田安静了下来，我因势利导，从认识色彩开始展开了手工美术的教学。

我出示准备好的学具，把“美丽的海底世界”“绿色的森林”“汪汪队”“国宝大熊猫”的拼图分别发给4名学生，并进行个别问答，田田原来呆滞的眼光里突然有了光彩。

“图片上都有什么颜色呀?”

“红、绿、蓝、黑、白、粉……”

田田一个字一个字地说出了拼图的颜色，并用手指出了相应的颜色，居然全部说对了，看到田田眼神的变化，我让他把每块拼图放在桌上，让他观察海底世界的图案，说出都有什么，我分别引导他说出图案内容。

“这是什么?”

“大海。”

“大海里有什么?”

“草，鱼。”

虽然，我听到的只是模模糊糊的一两个字，但是，他张口说话表达了，能用简单的词语进行交流了，此刻，一股暖流顿时涌上我的心头。我让学生分别玩起了拼图，并进行辅导。田田出神地看着海底世界的图案，迅速地把图案的四周一块一块地拼好，然后，他观察每块拼图的颜色和形状，进行拼接。他时而变动拼图的位置进行拼摆，时而变换着不同颜色的拼图，时而又拿起拼图静静地看着，有时还发出自言自语的声音。我走过去想帮助他，没想到他用力推开我的手，又摇了摇头，见此情景，我明白了他想说的话，顺势引导他。

“田田，你想自己独立完成吗?”

“是。”

“好田田，老师相信你!”

“好。”

我随后又对其他学生进行个别辅导，时钟滴答滴答走过，忽然，田田用双手用力拍着胸脯，又挥舞着双手不停地击掌，我走过去一看，一幅美丽的图画呈现在我的眼前：蔚蓝的大海里，绿色的水草在不停地摇摆，各种鱼儿在水里不停地游来游去，它们披着色彩斑斓的外衣，好像在向我们展示它们的美丽。一块块拼图摆放的是那样的平整，好美丽的海底世界！我十分感慨：上帝关闭了自闭症孩子的一扇窗，又开启了孩子的另一扇窗。这是蕴藏在孩子心中宝贵的财富呀！我和田田击掌，鼓励他、赞美他。

“田田，你是最棒的！”

“棒。”

“田田，继续加油！”

“加油。”

虽然，田田只是用一两个字表达，但是我从田田的眼神里看到了希望，我拿起田田的成果，向全班同学展示，并和其他同学一起，向田田伸出大拇指赞美他。

我又拿起其他三幅拼图的图案，与田田进行了又一次交流，引导他用简单的词语表达。

“田田，这几幅拼图漂亮吗？”

“漂亮。”

“告诉大家你看到了什么？”

“树、猴、兔、猫……”

“同学们，看着老师手中的拼图，森林里有好多动物，有老虎、狐狸、长颈鹿、小白兔。山上竹林里，大熊猫在吃竹子呢……”

“同学们，这幅拼图上面你看到了什么颜色？”

“蓝、绿、红、黄、黑、粉色……”

“这些颜色多漂亮呀，我们身边有很多漂亮的颜色，回家让爸爸、妈妈带着你去看一看!”

我一遍又一遍地讲解着、叙述着，学生们生硬地、断断续续地呼应着，有时说出一个字，有时说出两个字，没有说话的，从他们的表情和嘴巴动的状态看，有了不同程度的变化。一节课下来，田田的情绪相对稳定。

时间的音符在爱与温暖的氛围中跳动，不断奏出多彩的乐章!几个月课堂上和同学们的朝夕相处，和他们一起折纸、描绘、图画……感受着他们课堂上的一点点变化，看着他们的动手实践能力和语言表达能力不断提高，看着他们的良好习惯一点点养成，我沉浸在教育成功的喜悦中。

“上课，同学们好!”“老师好!”

新的一节美术课开始了，田田和其他几名学生从起立到问好等课堂常规已能独立完成。为了完成折蝴蝶的学习任务，我课前结合学生的实际情况，精心设计教学的每个环节。首先，为了激发学生们的兴趣，我进行情境创设，充分利用现代信息技术手段，让学生们观看视频，一起欣赏美丽的蝴蝶谷中蝴蝶纷飞的场景，感受蝴蝶的种类众多和色彩丰富的景象，并逐步引导学生感受表达。

“同学们，你们看到了什么景象?”

“蝴蝶，美丽的蝴蝶，蝴蝶很漂亮，好多蝴蝶!”

“蝴蝶在干什么?你看到蝴蝶的翅膀是什么颜色的?”

“蝴蝶在飞，翅膀是蓝色的，金色的，紫色的……”在我的耐心引导下，简单的语言从学生们的嘴里说出。

其中，田田兴奋地站起身，走到黑板前，指着视频中飞舞的蝴蝶，高兴地挥起手来。对我说:“老师，这只蝴蝶最漂亮!”

看到同学们积极性高涨，我随即拿出七种颜色的彩纸，让他们感受多种颜色的变化。

“老师手里的彩纸有什么颜色?”我先让田田回答。

“红色，黄色，紫色，绿色，蓝色，粉色，橘黄色。”田田全部说对。

“老师把七张彩纸放在一起，我说颜色，你们找一找！”

我把彩纸放到田田的桌前，田田按照我的口令，很快找出了颜色。于是，我把折好的七只蝴蝶展示出来，让同学们欣赏。

“同学们，你们看一看，喜欢哪只蝴蝶？”

“我喜欢蓝色，紫色……”田田一字一字地说出了想法，双手不停地挥舞，眼神里带着喜悦。

“老师教你们折漂亮的蝴蝶好不好？”

“折蓝色。”田田说。

“田田用一个短句表达了，你真棒！”我用手摸摸他的头，开心地笑了。

于是，我给其他三名学生发了拼图，让他们进行拼图练习，再个别辅导他们折蝴蝶。我拿出一张蓝色的纸，对田田进行个别辅导，在我的辅导下，田田终于折了一只蓝色的蝴蝶。我让田田站到讲台前展示自己的作品，我牵着他的手走到讲台前，让田田展示给其他同学看。

“田田，你折的是什么颜色的蝴蝶呀？”我引导他。

“蓝色的。”田田说。

“蝴蝶漂亮吗？”我继续问他。

“漂亮的蝴蝶，蓝蝴蝶。”他断断续续地说着。

“我折了一只漂亮的蝴蝶。”我进一步训练他的语言表达能力。

“我折了一只漂亮的蓝蝴蝶。”田田居然加了一个“蓝”字。

“田田你太棒了，老师为你点赞！”

一句简单的表达，对于正常的孩子来说不算什么，可是，对于一个自闭症的孩子来说，能用一个简单的句子表达想法和感受，是多么的难能可贵呀！

“捧着一颗心来，不带半根草去。”教育家陶行知先生的话一直是我从事教育工作的座右铭！在工作中，我用自己的爱心在课堂上浇灌着这些迟开的花朵，感受着田田和其他学生点点滴滴的变化。从呆滞不语，到能简单地表达；从听不懂教师的指令，到能听指令后的自觉行动；从不知道拿笔，到能进行简单的描画；从课堂常规的松散，到日常常规的形成；从自理能力的欠缺，到能做简单的事情。学生们点点滴滴的变化，来自教育者的智慧，来自爱的力量。

特别的爱给特别的你

吴春英

下课的铃声响了，我提前来到低年级教室。我任教低年级美术课已经一个学期了，为了更好地完成第二节美术课的教学任务，我利用课间观察学生的情绪变化。

我走进教室，一位班主任正在让学生们喝水休息，一位班主任正在和亮亮沟通。只见亮亮站在门前，不停地尖叫着，双手不停地挥舞着，身体冲向门边，亮亮的情绪十分焦躁。

看见我来了，班主任告诉我亮亮来到学校的情绪变化。

“亮亮今天早晨到校后情绪十分焦虑，尖叫不断，不在座位上坐着，时常焦虑地在教室走动，甚至想开门跑出去!”

经历了半个学期的教学生活，我对亮亮和班内的其他 3 名学生已有了了解，亮亮有一定的认知能力，语言表达能力却极差，自控能力也差，情绪经常浮动，如不停地尖叫，有时还抓人、掐人。他喜欢到户外活动，喜欢听音乐，虽然表达能力差，但是能在老师的指导下描画涂色，完成简单的学习任务。

“离上课还有 5 分钟的时间，我先稳定一下亮亮的情绪，带他到校园里转一转。”我边和班主任沟通，边用手拉住亮亮走出教室。

“亮亮，看一看花坛里的月季花全开了，月季花有什么颜色呀?”我边问边观察亮亮的情绪变化。

“亮亮，月季花开了，可真漂亮呀！有红的，粉的，还有黄的，香气扑鼻，月季花是我们北京市的市花。它象征着幸福、光荣、美艳，被人们称为花中皇后！”我用手指着月季花，用温和的语气对他说。

“嘻嘻。”亮亮圆圆的小脸上露出了一丝笑容，伸出手想触摸花瓣，见他的情绪逐渐稳定了下来，我连忙引导他。

“亮亮，我们要爱护花草树木，不能抓它，老师握住亮亮的手轻轻地摸一摸，再闻一闻花香。”我安抚着他，并和他交流。

“哈哈。”亮亮笑出了声，在我的辅助下，他用手轻轻摸摸花瓣，低头闻了花香，我拉着他的手回到了教室，亮亮回到座位上安静地坐了下来。

“铃铃铃，铃铃铃！”上课的铃声响起，我先开始训练学生的常规，纠正他们的站姿、坐姿，耐心引导他们进行交流。我告诉他们“今天的授课内容是描画一艘大龙舟”。

为了激发学生的兴趣，我充分利用电教手段创设情境，播放了一段赛龙舟的视频，江面上一艘艘龙舟迎面而来，鼓声、口号声此起彼伏，身强力壮的小伙子们整齐划一，喊着口号用力划桨。一艘艘龙舟越来越近，其中一艘龙舟冲到了最前面，人们欢呼雀跃。这一场面十分壮观！

“看一看，同学们，龙舟漂亮吧？看看龙头、龙身、龙尾，颜色美不美？”我耐心地引导学生们观察龙舟的形状、颜色等，进一步让学生们感受赛龙舟的场面。

“漂亮，有黄色，棕色，还有红色。”我拿出画好的一幅龙舟，4 名学生在我的引导下，有表达能力的学生用简单的语言表述，这时，亮亮突然从座位上站起来，用手指着龙舟画有了笑容，我从他的眼神里，看到了他想要表达的心声！

我用渐进式、程序式的方法引导学生们开始描画涂色，首先让其他三名学生进行拼图练习，我先对亮亮进行个别辅导，我拿出一支碳素笔递给亮亮。我耐心地辅导他。

“亮亮，握好笔，沿着虚线描一描，从龙头开始描，沿着虚线的走向描，老师帮助你。”

我握住亮亮的手，辅助他进行描画，先描龙头，再描龙身，最后描龙尾，亮亮在我的辅导下，描完了龙舟。我拿出拼图，让亮亮拼一拼，又辅导其他学生进行描画。随后，我让亮亮选好颜色，分别给龙舟涂上颜色，一幅大龙舟涂好了！我把学生们涂好的作品贴在黑板上进行展示，让学生之间进行评价。我拉着亮亮来到讲台前，让他欣赏同学们的作品。“亮亮，你看看同学们的作品漂亮不漂亮？”

“这个。”亮亮指着一幅作品看着我，他说出了简单的两个字。我望着亮亮，内心十分激动：亮亮在班内 4 名学生中表达能力最弱，现在能用两个字进行简单的交流，这也是进步呀！

亮亮每一点的进步，都体现着我们日常教育的成功！对教育者来说，我们平时要仔细观察学生，做学生的引导者；要热爱学生，做学生的知心者；要给予学生们宽容、接纳、关爱与帮助，时时刻刻捕捉他们的各种信息，带给学生们温暖的阳光，进步的力量，呵护他们健康快乐地成长，用特别的爱呵护他们尘封的心灵，播下希望的种子！

奔跑吧少年

杨国京

“你真棒！”“你做得真好！”“你太了不起了！”……

这样饱含赞赏的语句，无论是大人还是孩子，听了都会心花怒放，可是它对于楠楠来说，就像一阵空气，可有可无，无关痛痒。孤独症孩子，对于外界信息缺乏感知力，不管你是表扬还是批评，言语的刺激对他而言起不到任何作用，他不会因你的批评而沮丧，也不会因你的夸奖而眉飞色舞。

eng，eng，eng……

这是班里一天都在回荡的声音，只要楠楠一进教室，坐到椅子上，身体就开始前后晃动，尤其是在上课时，你在台上讲课的声音大，他 eng，eng 的声音就会提高，你不说话他的声音又会小下来。带着他活动的时候，因为影响了他的自娱自乐，他会很抗拒，使劲推你，有一次我想观察他，到底能晃多久，这一观察就是半天，为什么下午半天不盯着他看了呢，因为把我晃晕了，恶心得要命。每当突然听不到这个声音，那就是他要开始另一个行动了。先用小眼睛瞄一眼老师，然后趁老师不注意，以豹子般的速度冲到柜子前，打开柜子，随便拿起一件东西，使劲向后面扔过去（因为教师的办公桌就在教室的后面，用一个矮柜子隔开，柜子的高度正好能够让他轻松地向后扔各种物品)。完成这个动作之后，他会迅速跑到后门，拉开就向外跑。因为有了这个经验，我们班的后门是随开随锁的，眼见后门无路可逃，他的目标又转向前门，这下好了，前后门要随时上锁了。教室出不去，也不能阻挡他想跑来跑去的热情，教室成了他的游乐场，讲台上、桌子下、窗台上、办公桌，教室里几乎每个角落都留下了他的足迹，他一边跑一边把手边的物品随手一推，这下又让他发现了一个乐趣——很喜欢听那种物品散落的声音，“哗啦”一声响，他会“哈哈哈”地乐起来，能开心地笑出眼泪。边笑边跑，灵活得像只小猴子，我们是抓也抓不住，追也追不上，要两个老师前后夹击几个回合才能追上他。一节课下来真是惊心动魄，教师的体力值下降为零，他倒是生龙活虎玩得不亦乐乎。

一时间班里成了一盘散沙，先不说教学内容能不能进行下去，秩序已经变得很难维持了。怎么办？忽然我灵机一动，既然条条框框圈不住他，干脆我们就将束缚的枷锁打破。学生喜欢跑，我就和他一起跑。

跑是孩子的特点，也是他与众不同之处。看过《阿甘正传》的人，都应该对阿甘记忆犹新，阿甘不就凭着跑而一举成名吗？就算不为成名，能让楠楠发挥自己的优势也好。我灵机一动，学校不正在抓安全教育吗？逃生教育也是其中一项。当灾难真的降临时，能够快速跑出去也是一项能力呀。

我把学生排成队，让楠楠在最前面做火车头，我带着学生们在教室里一边给他们说儿歌一边学着火车跑，我们围着桌子跑，用两块拼图搭成小房子，钻山洞跑。伴随着“火车跑”“火车停”的口令，孩子们也时而动时而静。一堂课下来，跑得我是满头大汗。“好了，坐回到座位休息一下吧。”我随口说道。奇怪了，他竟然乖乖地坐回到自己的座位上，也许是跑累了，也许是他觉得这是游戏的指令。我不知道该怎样形容我当时的感受，真是由惊到喜。我走过去，摸摸他的头，拍拍他的小脸，他咯咯地笑起来，还伸出手拉拉我。他能回应我了，无意间的一个举动，让我看到了希望，让我找到了和他们沟通的突破口。多么意味深长的话语也不及一个简单的手势，这才是他能读懂的信息。

新闻广播经常能听到火灾、地震的消息，虽然我们还没经历过这些灾难，但防患于未然还是必要的。

要想组织学生快速逃生，成功脱险，摆在我们面前的首要问题就是听指挥。孤独症的学生对于外界信息很难做出反应，所以要先建立一个反应链。虽然学生很难捕捉外界信息，我却发现他们对突然的声响有所反应，在课堂上我会用教鞭敲打黑板、课桌，或是用击掌的方式让学生听到声响能够注意到我。当学生已经习惯声音刺激，并根据声音寻找声源，建立了听声音到注意这个反应链后，我开始加入简单的口令。

我一边大喊“地震来了”，一边迅速抱头蹲在桌子底下。原本在教室中走动的楠楠可能因为我出奇的举动停下了脚步，静静地看着我，我知道如果这时我走过去让他学着我的样子做，反而会引起抵触情绪。于是我又演示了一遍，这一次我讲解着动作要领，双手抱头，将身体压低，尽可能藏到桌子底下。楠楠的模仿能力很强，对于外界的细微变化能够快速觉察，于是我带领两名智障学生跟我一起做动作，没有强迫楠楠跟着我们做动作。楠楠见我们“玩”得很高兴，开始学着我们的动作，双手抱头，有时候已经自己藏到桌子底下了。没有强制的约束，没有厌烦的反抗，在不知不觉中，学生们已经可以听到喊声后快速掩护身体，就连楠楠也能有所反应。不管怎么样，这一个小小的举动势必在灾难降临时能给他们增加一丝生还的可能。随即我将口令与行动相联系，让跑不再是漫无目的，让跑不再是杂乱无章，我要让跑成为一种希望，成为一种优势。嘴里喊“跑”的同时，拉起离我最近的学生向操场跑去，其他孩子见状也都紧跟着我跑了出来，虽然他们现在还不明白这是在干什么，这样做究竟意味着什么，但如果灾难真正来临时，他们能安全跑出来，这就够了。

通过一段时间的训练，楠楠已经有了明显的进步，上课下座位的次数明显减少了，不再随意乱跑，在教师的口令与自己的行为之间建立了良好的联系，参与活动的次数也越来越多，很少出现抗拒表现了。

让生命失去色彩的不是伤痛，而是内心世界的困惑；让脸上失去笑容的不是磨难，而是禁闭心灵的缄默。没有谁的心灵永远一尘不染。沟通，消除隔膜；交流，敞开心扉；真诚，融化壁垒。我会继续寻找走进他们心里的那条路，告诉这些别样的“小星星”，这个世界一直在敞开大门欢迎他们。

爱他，更要有好办法

张红蕾

早就知道班里有一个“难搞的”孩子叫小林。在几次美术课上，我领教了小林的行为……

第一节美术课，同学们都在画画。小林画到一半儿，就跑到我跟前，对我说：“老师，我要在黑板上写字。”我说“不可以。”他和我撒娇地说：“写！写！”然后就拿起粉笔准备写。起初我用手控制了他的手，但他用另外一只手在黑板上胡乱地画了一笔。此时班里的一名女生也跑到黑板前说“写字”，拿起粉笔就写。我说：“不可以。”但他们根本不听，继续乱写。我一手控制一个学生，小林顺势躺在地上，女生也学他的样子躺在地上。其他同学坐在自己的座位上看着他俩。我让他俩起来，他俩在地上蹭，还说“不起”。不一会儿下课了，班主任来到班里，他俩立即起来，跑回自己的座位上，班主任批评了他们，小林大哭着使劲捶打自己的头。班主任说他情绪不稳定，经常这样。第一次看他泪如雨花，不断拍打自己的头，我的心里真的不是滋味。

第二次上课时，小林又想在黑板上写字，为了避免其他学生和他一样，我马上制止，并要求他回到自己的座位上。有一位女生说：“老师让你回座位上。”他走到女生面前就咬了她胳膊一口，把女生咬哭了。他好像知道自己做错了，忙道歉说“对不起”。但女生不理睬他。小林边哭边说：“我是狗，我是狗。”坐到座位上又是对自己的头捶打。

经过几次课，最初我对问题的看法是：当小林的行为发生时，我会抓住他的手告诉他“不允许”。我在头脑中会想，他怎么又这样？其他同学又会学，课堂秩序会很乱，我会非常生气、烦躁、担心、焦虑……我最初对问题的看法就是错误的，没有真正地思考这件事、了解这个孩子，导致最初处理的方法没有效果。

在之后的一节课，小林拿着他的作业走到我面前让我看时，他看到第一桌同学画的画，说“真难看”。那名同学很生气，打了他一下，小林并没有还手，而是跑回自己的座位上去撕卫生纸，说“他流鼻涕了”。来到第一桌同学的面前帮那位同学擦鼻涕。看到小林这种行为，我对他有了新的认识。一直觉得他是班里最难搞的学生，没想到其实他很有爱。

当小林回到座位时，我说：“我看到小林下座位了。我感觉不舒服，课堂秩序会乱。我希望小林回到自己的座位上，举手告诉我有什么事情。”在我的提示下，小林真的开始举手。随即我对他给予表扬：“小林，你有事情会举手请求了，看到你这样我很高兴，你做得非常好。”

当小林画得不耐烦时，我会对他进行鼓励，“看来这幅画的内容有些多，但老师看到你在努力画，你很不错啊”。或者说“你看你刚才画得非常好”来转移他的注意力。也可以先让他选择容易画的那部分或自己最喜欢画的那部分。或者对他说“我很担心，如果不画，别人都画完的，老师就不能展示你的作品了”。因为他喜欢在黑板上写字，可以作为强化，表现好时让他在黑板上演示。

对于老师，应有教无类，因材施教。对有特殊需求的孩子，教师要爱他，更要有好办法，帮助他们健康快乐地成长。

和孩子一起挑战挫折

张　艳

从事特殊教育工作的二十几年，我深深地感受到作为一个自闭症儿童的父母或老师的不易，往往付出百倍的努力，可能收获的却不足付出的百分之一。但我坚信付出就会有回报，孩子会在我们的付出中不断成长。

溪溪的转变

我们班有一名叫溪溪的学生，入学才几天，他就引起了我的关注。他出奇得安静，不与其他同学玩耍交流，回答问题的声音非常小，让人几乎听不到他的声音。当别人不小心碰了他时，他会“嗷”的怪叫，把大家吓一跳。

通过日常观察以及和家长推心置腹地交谈，我了解到，由于溪溪的发音有障碍，兴趣狭窄又刻板，家长为了减少面对亲朋好友时的尴尬，免受欺负伤害，就很少带他出去玩，大多数的时间都把他独自留在家中。这导致溪溪的性格胆小又乖张，自私又多疑，不敢在外人面前表露自己的喜好和需求。了解了这些后，我很难过，孩子是无辜的，命运之神和他开了一个残酷的玩笑。

自闭症孩子的内心世界，往往有他独特的方式。作为教师，只有理解孩子的所作所为，才能更好地教育孩子。为了能看到他的笑脸，为了他能以健康的心态适应明天生活中的挑战，经过反复的思考，我尝试着与溪溪建立信任，让他切实感受到老师是“靠山”，是与他一起面对困难与挫折的人。

首先，在赏识中重塑自信。溪溪是个认知能力很好的孩子，对课上的很多知识掌握得很好。平时在家中，爸爸和妈妈也会陪着他一起识字、写字。这是溪溪最大的优势。我要把他的这个优势变成一座桥梁，架起他和同学的友谊。课堂上，当其他学生不会读字或词时，我把眼睛转向他，充满信任地对他说：“琦琦需要你的帮助，你可以再读一遍吗？”刚开始时，溪溪不会理会我的邀请，我就会接着说：“我们和溪溪一起读出这个字好不好？”慢慢地，溪溪看见我邀请别的同学并进行表扬时，他也尝试着读出来，虽然他的语音不清晰，我会再重复一遍生字的音，然后问他：“是这样吗？老师读得对吗？”并让那位同学向他道一声“谢谢”。在每天的一点一滴中，溪溪的自信心逐渐建立起来，他的脸上充满了自豪。

其次，树立榜样，初品成功的喜悦。因为溪溪的性格比较孤僻，胆小、不好动，怎样才能让独处的溪溪主动参与到班集体中呢？于是，我经常表扬溪溪遵守班级纪律，在集体活动中，让他当排头带领同学们入场，评比中奖励他是“纪律标兵”。课间的时候，让他维持班内的秩序。因为溪溪的构音有障碍，语言发音不清，孩子们不能完全听懂溪溪所表达的要求，于是我安排了口语表达好的同学做他的“小助手”，协助他完成任务。虽然溪溪是一个妥妥的小助理角色，但他是那么高兴，现在也学会了主动举手给同学“告状”了。

最后，培养执行力，才能更好地生活。在重大节日、纪念日中，学校或班级都会组织各种各样的活动。为了鼓励溪溪参与活动，我在活动中引导他，甚至带着他一起为同学服务以获得更多交流的机会。

开始时溪溪手足无措，不敢把手中的材料交给同学，抗拒的同时，嘴里还“巴嘎巴嘎”含混不清地表达着愤怒。在这个时候，我轻拍着他的后背，让他放松，焦虑和紧张缓解后，我拉着他的手，让他跟着老师一起去做。成功贵在坚持，溪溪在不懈的努力中，在完成分割的小目标的过程中一次次地突破自己，在完成任务中体会到帮助他人的快乐。班里的同学也开始接受、喜欢溪溪，不再对他充满敌意。现在，溪溪可以独立完成收作业、发彩笔、帮同学接水等小事，集体活动中，也不再闹脾气不配合了。

自信是一个人做事成功的基础，被尊重是人基本的需求。人生活在赏识之中，就能学会自信。通过这个案例，我想和大家分享的是：教育孩子，请从理解开始。善待自闭症孩子，因为他们都是折翼的天使。

萌萌的成长

没有爱，就没有教育。教师在尊重、理解学生的基础上，引导学生在生活中克服社会交往障碍，是爱学生的基础。对于特殊教育中有自闭症的孩子，缺乏的正是这种主动的勇气。除了人们对他们的不屑和能力低估之外，还有家长的负疚心理，大包大揽孩子所有的事情，使孩子懒于进取、懒于拼搏。这种愧疚型父母，体现在每个自闭症孩子成长的过程中。

我曾经教育过的学生萌萌，对于走出教室，去其他班级参加活动怕得要命。无论老师怎么说她都不去。我经过一年不懈的努力，采用“跟（跟随，带领）——推（推出门，悄悄跟踪）——放（放开手脚，随意发挥）”的训练，萌萌基本能独立地完成老师交给的训练任务。这种自信的确立，在其他方面也起到了积极的促进作用。在以后的班集体活动中，她能主动地帮助同学，对班级的卫生、管理都非常积极，起到了很好的榜样作用。

浩浩的妈妈

除了自闭症孩子，我接触更多的还有自闭症孩子的父母。

班级里有个叫浩浩的自闭症孩子。浩浩妈妈曾和我说：儿子是不幸的，他自小就被诊断为自闭儿。他不会正常孩子的学习、与人交往的正确方式，语言表达能力差，很少有人懂他。孩子 6 岁时，上幼儿园年龄大了，而上学呢，他当时很爱动，又爱乱嚷，普校很难进。无论是老师还是家长都很难接受他，一直在家。没有集体氛围的影响，将来他怎样进入社会、怎样生存呢？正当家长一筹莫展的时候，大兴区特教中心成立了，孩子顺利地上了学，终于有了属于自己的天空。在老师们的关爱中，孩子得到了长足的进步，这是孩子的一次人生转折！

我和浩浩妈妈多次探讨如何更好地给予孩子支持与帮助。我们一致认为，一定要用一颗平常心对待他，不要认为他是个有问题的孩子，就处处迁就他，让他随心所欲。要让孩子建立社会生活、家庭生活的规则意识，知道什么是对、什么是错。日常生活中，要用对待正常孩子的心态去对待他，比如，让他自己吃饭，自己穿衣穿鞋，帮妈妈做家务，你相信他，他就会做得更好。经常给他这样的暗示，说他是最棒的，别的孩子能做到的，他也能做到，他和别的孩子没有什么不同，甚至某些方面会比别的孩子做得更好，暗示对他自信心的培养会起到很关键的作用。果然许多事他都做到了，而且做得很好。他现在能做两位数的加减法，常用的汉字基本都能读会写，并且能读一些短文和小故事，他会用一个字根据日常生活中接触到的事物组几个词。

在特教中心里，教育这个词包含了更多的含义。那就是：日常教育中的康复训练，是这些特殊孩子开始建立自己人生大厦的基石。让我们共同帮助他们构建人生大厦的基石吧，给孩子一份真正的爱。

特殊教育无小事。我的手掌虽小，但我要尽力托起祖国明天的太阳；我的身躯并不伟岸，但我会努力用爱心撑起一片蓝天……

让“星星的孩子”闪闪发光

徐　妍

世界上有一群孩子住在自己的孤独星球上，他们不盲，却视而不见；他们不聋，却听而不闻；他们不哑，却沉默不语。我们都生活在同一个星空下，没有谁生而孤独，对自闭症儿童而言，我们的关爱是孤独星球上的一束光，能让他们成为夜空中闪亮的星星。

记得刚带这些孩子时，班级中有几名自闭症学生乱作一团。他们是一年级新生，第一次来到学校上学。为了吸引他们对学校、对班级产生兴趣，我们准备了几样玩具，结果发现他们的兴趣并不在此，5 分钟后课桌推倒了，磁力片、拼图撒了一地，柜子门、抽屉能开的也都打开了，有个孩子跃跃欲试地还想爬上窗台，一个自闭症小姑娘持续有力地哭喊……“鸡飞狗跳”的教学生活拉开了序幕!

俗话说“没有规矩，不成方圆”。对于这些刚上一年级的特殊孩子来说，纪律差、好动、好玩，不受约束、到处乱跑、不理解指令，是很常见的。学生日常行为习惯的养成，便成为我的管理重点。“同学们请回到座位……同学们离开座位时把板凳放到桌子下面。”他们一脸茫然呆呆地望着我，他们愣住了，一个简单的指令下达，一下子把我从幻想中拉回到现实，好吧，这对他们来说太难理解了，一切都要从头开始。我开始一边下达指令，一边示范，模仿能力好的孩子便掌握了，模仿差一点的孩子我便手把手地教他们，反复地练习和强化指令，他们终于能够独立地完成“把板凳放到桌子下面”了。

为培养学生养成良好的行为和卫生习惯，我们结合低龄特殊儿童的感知觉特点，发现他们对于图片、视频或动听的儿歌更感兴趣。我们在课间都会播放一些有关的儿歌，让孩子在儿歌中学习如何洗手、洗脸等，并通过强化儿歌中的歌词记忆洗手、洗脸的步骤等，学生的学习积极性很高，并从中学会了一些基本的生活自理技能。

这几年自闭症学生的数量比之前增加了许多，他们大都伴有刻板行为和情绪问题，我们班大多数学生都是自闭症，因自闭症学生情绪极不稳定，使教学和管理工作存在很大的困难。

小淇是一个胖乎乎、圆头圆脑的自闭症男孩，年纪虽小但体重可不轻，是一个大块头。在和他妈妈的交谈中，知道他说话吐字不清楚，如表达如厕的意愿需要老师仔细听。为了避免他尿裤子，我一直竖着耳朵分辨他发出的声音，啊啊哈哈喝水，各种听得出听不出的声音一股脑地钻进耳朵里，还好，基本的日常需求表达我还是可以听得出来的。开学典礼结束后妈妈走了，我和小淇说坐在座位上，他就扭动着全身，嘴里说着不要不要，我拿出几样玩具看着他说，坐在椅子上可以在桌子上玩玩具，他看了看我，又看了看我手里的玩具，思索了一下，一屁股坐在了椅子上。我在他面前摆了几样玩具，他拿起两块积木，互相敲了一下，然后开始搭积木，一块接着一块地向上垒，直到搭完了全部的积木，他才停下来。在这期间我曾要求他给我一块红色的积木，他很大方地递给了我一块。就在他刚搭好积木没多久，班里的一个小姑娘跑过来推倒了他的积木，他的情绪一下子就爆发了出来，一边哭一边说着“积木、积木”，两只手用力互相捶砸或用手砸头甚至用头撞击课桌，以此发泄心中的不满情绪，任凭我怎么安抚他也平静不下来，嘴里一直念叨着“积木，积木”。我发现他对东西是有执念的，即便我已经帮他恢复了积木，但与他刚才搭得或许有些许不一样，他会一直惦记被同学推倒的积木。

第二天早晨，接孩子们进班，提示他们将架子上的水杯摆放整齐，认识自己的书包柜，把书包放到柜子里。我发现小淇今天穿了一条卡其色的工装裤，裤子两边有两个大口袋，口袋上有两颗金属扣子，很帅气。昨天的不开心已经被他淡忘了，今天到班里就一直开心地笑个不停。我让他在几样玩具中挑选一样，不知是不是想起昨天同学将他的成果推倒，他迟迟没有选择，我看见他一直盯着积木，就和他说：“老师今天和你一起比赛搭积木，看看咱俩谁搭得高好不好?”他没有理我，却伸手拿起积木搭了起来，和他搭积木的过程中，我搭了几块后故意将积木没有放好，积木塔倒了。我边整理边说着：“哎呀！倒了！没有关系，我还可以再次搭起来。”一边念叨一边将积木塔再次搭起来，小淇似乎也注意到了我这边的动静，停下了正在搭放积木的手，竟然喃喃地说着“关系，关系……”看着我的积木塔从倒塌到重新搭起来，他似乎明白了，倒了没有关系还可以重新再搭。就在他玩得开心的时候，我突然看到他嘴里咕哝着什么，急忙跟他说：“小淇张开嘴巴，老师看看嘴里面有什么?”他像没听到一样并没有理我。我心里非常焦急，想到用零食吸引他试试，赶忙找到一块山楂片举着对他说，小淇张开嘴巴老师给你准备了一个好吃的，果然食物奖励奏效了，他张开了嘴巴，嘴里面竟然含着一颗金属扣子，慢慢引导他把扣子吐了出来，真是吓人，后怕极了。我赶紧和妈妈沟通此事，提醒妈妈以后不要再给孩子穿着带有装饰物的衣服了，装饰物很容易被孩子揪下来放在嘴里，十分危险，好在扣子风波有惊无险。慌乱过后，小淇继续搭着积木。在之后的几天里，每次让孩子们选择玩具的时候，他都选择了积木，有一次一个同学不小心给他碰倒了，只见他喃喃地说着“关系，关系……”，之后，平静地重新搭起了积木，并没有出现一开始大哭大闹的情况。看来我做的事他注意到了，我说的话他也听进去了。

经过几天的观察，我发现小淇的情绪很容易受到各种事情的影响，并且他有一个自伤的刻板行为，兴奋或者情绪不好时都会用一只手用力地拍砸另一只手，或者敲打头，用头撞桌子。一天下午上课前，他一直手指着外面嘴里说着什么，我努力分辨半天也没听出来他说了什么，他的情绪一下子就上来了，边哭边说，还用头撞着桌子，看着他撞红的脑门，我很心疼，他越哭越说不清楚，我也就越分辨不出来，我们俩都很着急。我尝试着拉他的手小声安抚：“老师没有听明白你说的是什么，你是要去外面干什么吗？能不能带我去。”他似乎听懂了，领着我就往外走，到了多功能教室门口他停了下来，指着说“房间，房间……”原来是上午来这里上过课，下午他还想来，但是下午要上别的课，我说：“咱们先回班，等明天上课的时候再来，下午我们有别的课要上。”顿时刚停止的哭声又响了起来，手也重重地砸向了我的胳膊，我表情严肃地和他说：“不可以伤自己，也不可以打别人。”或许看到了我的表情变了，他的哭声小了一些，但当领他往班里走时，他一下又扭动着身体号啕大哭起来，我想起之前和妈妈沟通时，妈妈说他很固执，想起某件事或者想要做什么不让他做，他会一直哭闹。马上就要上课了，一直哭不回教室也不行啊，于是我和他说：“你现在安静下来不哭，听老师和你说，因为马上要到上课时间了，你需要回到教室上课，所以我们现在不能在多功能教室。”一听到说不能，他直接坐在了地上，边哭边用手砸头，嘴里嚷着“不要，不要……”这时我想起他妈妈说过他平时最喜欢玩球了，我有了主意……我一边轻轻抚摸着他的后背，一边说：“现在安静不哭了，老师可以给你一次寻宝的机会，我们带着宝贝回班里给同学们看看，我数到3，你到多功能教室里找一个球好不好?”我自顾自地数了起来1—2—“快点去啊，时间到了就没有机会喽。”听到时间到了，他马上从地上爬了起来，冲到多功能教室里找了起来，在我“3”的声音拉长的时候，他把球举到了我面前，嘴里还喃喃地说着“球、球”。“小淇真棒，这么快就找到了宝贝，我们快点拿到班里让同学们看看吧。”就这样他拿着球开心地回到了教室。

上学一段时间后，小淇的情绪稳定了许多，我发现他还是个心细眼里有活的男孩子，有一次，我将班里的垃圾从垃圾桶里拿出来系好了准备扔到后面的垃圾桶，小淇在座位上一直看着我在干什么，我和他说：“走啊，小淇帮老师个忙，和我一起扔垃圾去。”听完我的话，他并没有什么反应，见他没动，我把他领了起来，把系好的垃圾袋放在他的手里，领着他和我一起把垃圾扔到了后面的垃圾桶里。没想到他竟然记住了这件事，两天后，我再一次要去扔垃圾时，他就站在了我的旁边盯着垃圾袋，“小淇想帮老师扔垃圾?现在把垃圾袋拿起来我们走吧。”于是我们一起把垃圾扔到了后面的垃圾桶里。让我感到惊喜的是，之后他只要看到我要去扔垃圾，已经不用“让”了，都是直接拿起垃圾袋跟着我就出门了，真是一个勤劳的好孩子!

经过一年的学习，小淇在知识技能和行为习惯上都有了进步。看着他点滴的进步，我发现原来他也是一块璞玉，通过我的努力和用心，他一天天进步和成长，我心里也有一种成就感。谁说特教老师不能桃李满天下，工作没干劲没奔头，谁说面对这样的孩子只能放弃，他一样可以成为我眼中明亮的星星。

他主动牵起我的手

杨　曦

如何让特教中心的一年级新生在较短的时间内熟悉校园生活环境，认识周围的老师和同学，学会交往和沟通，能进行基本的自我管理，愿意接受学校教育，是入学教育必须解决的现实问题。

伴随着秋日暖阳，小宇走进了特教学校的大门，紧拽着妈妈的衣角躲在妈妈身后不愿进教室，嘴里叨念着“回家，回家”。这就是小宇第一次踏入班级的情景。虽然有些焦虑和不安，但由于妈妈在身旁陪伴，当天没有出现其他的行为问题。而后的几天里，家长不能陪同上课，小宇的情况开始变得糟糕起来。在情绪情感方面，小宇出现情绪狂躁不稳定，有时甚至出现攻击行为，大喊大叫，满屋乱跑，用力推墙，刻板行为较多等。小宇对于妈妈非常依赖，每天早晨来校都会闹脾气，抓着妈妈的衣角不愿进教室，妈妈离开时会大喊大哭，全天都会不停地叨念“妈妈”“回家”等词语。在这种情况下，常规的教育教学和康复训练课程无法开展与实施，小宇注意力无法集中、不听指令、理解力差、知识掌握效果不好，语言和交往方面也有较为严重的缺陷，难以理解口语且语言形式异常，不能建立伙伴关系。

情绪焦虑问题

小宇出现的情绪焦虑问题是自闭症儿童典型的心理特点之一，由于自身感知觉障碍与异常导致儿童对外界认知偏差或缺失，最终让儿童深处焦虑之中，出现严重的情绪问题。针对小宇的焦虑症状，我采取了以下措施给予缓解。

第一，协调环境。重视环境的协调作用，最大化地将班级环境生活化，充分尊重自闭症儿童不喜欢变化的特点，让家长将家中的小靠垫、小桌布和小宇平日里喜欢玩的玩具、挂图等手头操作类物品带到学校，为小宇在班级中专门设立生活休息区域，给予小宇舒适的、熟悉的环境，从而达到心理放松的目的。

第二，肌肉放松。小宇在开学初的前两周由于过度紧张与不安，时常出现肌肉抽搐和着急时颤抖的情况。为此我为小宇采取放松肌肉的方法舒缓他的紧张情绪，平时多拍打、多运动、走步，玩大型滑梯，并结合一些触摸训练，尽量让小宇的肌肉处于放松状态。

第三，情感宣泄。由于自闭症儿童的语言交流能力和情绪控制力较差，当他们遇到不开心的事或无法排解的情绪时，要满足他们宣泄情感的需要。小宇在开学初的一个月里，每天都会阶段性地大喊大叫，满屋乱跑，有时还会踢墙踢门，当他有这种宣泄需要时，我所做的不是克制他的行为，而是让他将不良情绪发泄出来，只需轻抚和等待即可（踢墙或门时用一块 PVC 塑料板隔挡），充分地发泄后小宇就会自然地安静放松下来。

第四，分散注意力。利用小宇喜欢听音乐、喜欢点击电脑屏幕等特点，安排活动时多以他的兴趣为出发点，尽量不让他“闲下来”，成功地将他紧张的注意力转移，从而有效地缩短了焦虑时间并缓解了其紧张情绪。

第五，坚持上学。虽然自闭症儿童喜欢循规蹈矩的生活，但进入学校适应新环境是必然的过程，因此我要求家长除生病或有必要的事情外，要坚持每天送孩子上学，尽快地让学校的规律生活成为学生生活的一部分。

安全感缺失的问题

自闭症儿童安全感的缺失，使他们在生活、学习中的各种举动显得过激和不可理喻。虽然自闭症儿童情感淡漠，对亲人缺乏正常的依恋，但是当熟悉的人离开身边时，他们的反应会很激烈。小宇妈妈每天早晨离开时他都会情绪失控，大哭大喊，摇桌子，离开座位乱跑。小宇也会害怕刺激的、响亮的声音：上课铃声、嘈杂的环境，老师重复的要求，都会让他烦躁不安。在完成老师交给的任务时，如果遇到困难或无法达到要求时，小宇都会感到不安、恐惧，甚至有时出现自伤行为。因此在开展各种学习和活动前，首先要建立小宇的安全感。

针对小宇的安全感缺失情况，我做了以下尝试。

一是营造安全氛围。重视环境的安全性，开学初带领小宇认识校园、班级、老师、同学，排除他对新环境的抵触与恐惧心理，带领其他同学多与小宇游戏、交流，多给予小宇生活上的帮助，让他充分感受到周围的人和环境是友好、安全的，尽可能让小宇待在自己喜欢的“休闲区”里，给予他充分的个人空间，让他从外在环境和内在感受两方面得到安全与舒适感。

二是多安抚、抱紧。许多自闭症儿童由于触觉本体觉失调，常常感到极度焦虑，缺乏安全感，因此平时我会多给予小宇一些拍拍头、摸摸肩、抱一抱等鼓励的动作，用真诚的心和细微的动作温暖他，让他感受老师的亲和与关切。

三是建立和谐的师生关系。教师尤其要注意和自闭症儿童建立良好的关系，不仅要和家长做好沟通，了解学生的生活习惯、主要缺陷、脾气性格，还要通过与学生的接触，发现他们的喜好和行为特点，熟悉其发脾气的频率和原因，把握教育的时机和分寸。要让学生真正接纳和信任教师，比如，多和小宇一起游戏，一起听音乐，一起做操，一起运动，尽可能多地与小宇待在一起，建立信任与默契关系，这些小方法都有助于让小宇尽快地适应并喜欢老师，也有助于今后开展与实施教学活动。

学生自身能力的问题

自闭症儿童由于能力的缺乏不易接受新知识，而且容易烦躁，在开学初的学习和训练中很难得到满意的效果，导致学习动机丧失甚至厌恶学习与训练。为了提升学生的有效学习能力，可以坚持以下几个原则。

一是坚持鼓励，建立信心。在训练自闭症儿童的过程中，要掌握“多鼓励”的原则，只要看到他们有细微的进步，都应及时给予鼓励，可以是口头表扬，也可以是物质奖励，逐步建立安全感，以强化其良好行为。

二是减少强迫，巩固成果。在学习过程中，尽量不要强迫学生做违背其意愿的事。这样做会使其再次感到害怕、不安，影响学习效果。如果出现学生不配合等情况，可以适当地暂停学习或转换其他教学形式完成教学内容。

三是循序渐进，持之以恒。自闭症儿童的训练是漫长而艰辛的过程，在训练中，教师不要急于求成，要克服焦虑、自责、急躁的情绪，循序渐进、持之以恒，微小的进步都是对教师辛勤付出的肯定。

经过一个学年的努力，功夫不负有心人，小宇的极端行为逐渐消失了，情绪稳定了，适应了新环境，行为变得自然而且放松，有了属于他特有的笑容，与我的默契也渐渐地建立起来。虽然他不能像普通学生一样在课堂坚持坐上 35 分钟，也不能完成理解我的话语或眼神，但每当他主动拉起我的手，一遍遍不甚清晰但异常纯真地叫我“老师”，用他独有的省略法念叨儿歌时，我的内心都感到无限满足，也渐渐感受到了自己肩上的那份责任。

虽然小宇现在还是不能完整地表达，不能正确地握笔写字，不会独立自主地穿脱外衣，但此刻的小宇会主动牵起我的手，给我一个幸福的微笑！在别人看来也许这日复一日地耕耘没有得到应有的回报，但我知道这是一项“滴水穿石”的工作，要有足够的决心和毅力，要有绝对的真诚和爱心，我愿意在今后更长的时间里，帮助学生们用每个细小的进步铺就他们未来的人生道路。

成长故事

在北京市大兴区特殊教育中心，每一位教师都像妈妈一样关心疼爱着每个孩子，帮助他们穿衣系鞋带，耐心地教他们开口说一句完整的话，不厌其烦地纠正常规，专心回答他们不断重复的同一个问题，安抚他们猝不及防的情绪爆发……日复一日，点点滴滴。看到他们微小的进步，便忘了所有的辛苦和付出，脸上洋溢着幸福的喜悦，只因为他们是自己心中的天使。

爱是点点滴滴的惦记

蔡宏婧

我是一名班主任，从一年级开始我一直陪伴着“我的孩子们”长大。每个孩子都有自己的特点，虽然同为自闭症，但他们的情况也千差万别。

田田是我最先认识的一个孩子。班级群刚刚建好，田田妈妈第一个和我取得联系。通过沟通我知道了很多关于田田的情况，也感受到了田田妈妈对于孩子超出其自身能力的期待。在妈妈看来，田田只是比正常孩子说话晚些，其他能力并不差，完全可以在特教中心学习几年后回归普校。

新生发言

入学第一天，田田和爸爸一同来到学校，爸爸的话很少，后来通过妈妈的讲述我得知，当看到班里其他孩子的各种异常行为（有的踹桌子，有的哭喊着要回家，有的对着墙壁吐口水）之后，爸爸回家大哭了一场，觉得田田来到了一个非常“危险”的地方。相比别的孩子，田田进班第一天的表现可圈可点，乖巧听话，甚至还替代了因为怯场而无法上台的同学，登上主席台代表新生发言。虽然只有一句话，但对于刚入学的孩子来说是很不容易的事。随着不断加深了解我才知道，田田对爸爸有一种敬畏感，爸爸在的时候他都会表现得异常听话。

坐小凳子

可能是第一天的可怕经历让爸爸对孩子的学习生活充满了担忧，也可能是因为妈妈对孩子的殷切希望，从开学第一天起，妈妈下班后总会第一时间与我沟通田田在学校的学习内容，并强烈要求我给田田布置家庭作业。听到我说开始的一段时间会进行常规教育时，妈妈略显失望，但她不知道遵守课堂常规对于当时的田田来说也十分困难。坐在椅子上的田田身体会不受控制地前后左右来回乱晃，时不时莫名地拍手，接着身体后仰，把椅子的前面两个腿腾空，来满足他强烈需要刺激的前庭神经。当我纠正他的做法时，他会暂时停下来，在我转身的瞬间再一次重复这个危险动作。在后续的沟通中，我不断询问妈妈孩子在家有没有此类表现，妈妈开始坚定地说“没有，在家从来没有”。后来询问得多了，妈妈说在家也发现了他晃动身体的情况，并越来越频繁——这是典型的自闭症行为。出于安全考虑，我和田田妈妈协商将孩子的椅子换成小凳子，如果晃椅子的行为消失了，我们再把椅子换回来。因为小凳子不容易被翘起来，田田只能坐在凳子上晃动身体，不能翘起凳子了。虽然晃动的刻板行为没有得到太多改善，但安全性却提高了。

吃虫子和鼻屎

田田的刻板行为还体现在他对各类昆虫的强烈关注上，只要看到有虫子飞过，无论身处何地，哪怕是小便进行了一半，他都会密切注视、迅速追上、果断拍死。如果没有被看到，他便会迅速地把虫子放进嘴里。发现这个问题后，我一直“密切关注”他的行为。两年来，他一直没有“得逞”过，慢慢地他在学校“吃虫子”的执念没那么强烈了。

入学之初，我发现他有吃鼻屎的问题，动作之迅速超出了我的想象。我发现后，立刻要求他把嘴里的东西吐出来并漱口。我严厉地告诉他鼻屎是身体的“排泄物”，是不可以吃的。经过一段时间的反复纠正，从他的眼神里，我知道我的态度和迅速地处置对他可以起到威慑作用。当他举着鼻屎想吃的时候，总会忌惮地看着我，他多半会讪讪地说“不能吃，洗手去”。然后就乖乖去厕所洗手了。两年来，只要他情绪稳定，基本没有再出现过吃鼻屎的情况。

纠正发音

在日常对话中纠正田田的各种奇怪发音和语调是一项很重要的工作。每次纠音，我都会摘下口罩，让他认真看我的口型，并通过反复演示口型，让田田去模仿。除了发音以外，田田的瞬间记忆能力也比较差，五个字以上的内容对他来说是个极大的挑战，超过五个字，他一般只能记住后面两个字。所以在相当长的时间内，教田田儿歌、句式都好像在练习“三句半表演”。比如，我教他“国旗国旗真美丽”，田田总是很真诚地看着我说“真美丽”。这时候我就只能把句子断成两部分，先教前几个字，再教后几个字，在他完全掌握后，再将两部分串联成句子，进行练习。由于自闭症的刻板性，一旦习得的东西真的很难改正，在教授新知识时也是困难重重。比如，我这两年一直试图教他“某某是田田的爸爸”（目的就是教会他爸爸的名字），但是田田一直说的都是“某某是田田”。通过一遍一遍地练习，终于在伙伴的引领下，田田可以说出“某某是田田的爸爸”了，我的付出使他取得了关键性的进步。

拼图能手

田田的拼图能力非常强，再难的拼图在他手里都变得异常简单。玩拼图，是他注意力最集中的时候，由于每次拼图完成后，我都会夸奖他“真棒”，他现在已经形成了完成拼图马上自我肯定的习惯，无论上什么课，只要听到他喊“真棒”，我就知道他又在玩拼图了。这种成功的体验和正向的强化，让他更加喜欢拼图。现在他已经从图片拼图逐步向汉字拼图转型，即便他并不认识那些字，他也会根据颜色、形状等提示性信息找到汉字的正确位置，这对他识记汉字有很大的帮助。说到颜色多少有些遗憾，这个领域依然是田田的盲区，所有基于颜色的提问得到的回答都是“黄色”的。但经过我两年的观察和测试，他不是色盲，而是颜色命名方面出现了偏差。这也是目前我着力训练他的地方。

缓解情绪

再温和的自闭症也会伴随情绪问题，田田的情绪问题主要表现在他不受控制地大笑。由于注意力的缺失，他有效注意的时间很短，在第一节课后半段和第二节课的时间段，他特别容易发笑。大笑伴随着身体的摇晃和拍手，有时候他会憋得脸通红，以此寻求刺激。经过观察我认为，这种行为的发生与他的运动量不足有关系。为了帮他疏解这些问题，在上操时我们班会比别的班走路多，只要天气允许，我们就会在操场上走路，哪怕寒风刺骨，烈日炎炎。

为了给田田身体足够的刺激，我们特意用报纸卷成了纸筒，并用胶带缠好，作为按摩棒敲打他背部的穴位，这也是田田最喜欢的项目。每次给他敲击，他都会十分安静，很舒服地趴在桌上享受，在情绪问题严重时，他会自己去找这个专属按摩棒，举着冲我喊“按摩、按摩”。由于他身材比较宽大，按摩完后背我都会气喘吁吁，在他情绪缓解的同时，我也得到了减肥的机会，这也是个“教学相长”的过程吧。

我和孩子们的故事还在继续着，我们在“搏斗”中不断进步，在鼓励中慢慢提高，只要坚持走下去，我们的明天就会更美好。

一种信任　一种依赖

李　倩

2018年暑期，我由一所普通学校来到北京市大兴区特殊教育中心，开启了新的工作旅程。5年来，虽然我的大部分时间主要是做服务工作，但我还是会在与孩子们的接触过程中，用心感受特教事业，感受特教教师的责任、专业、博爱和奉献。

特教中心的孩子是一群既聪明又敏感的孩子，用与众不同的视角感知着世界，如遥远的星星一般，在漆黑的夜里独自闪烁。在日常的教育教学中，面对孩子们，我用心中的那份挚爱呵护、陪伴、守护他们健康成长。

先从我自己的一个亲身经历说起。

记得那是一年级新生开学不久的一天，我微笑着迎接一个个学生去操场进行体育锻炼，突然一个特殊的身影出现在我的视线里——那个孩子晃着身子，一瘸一拐地费力地向我走来，我的心"咯噔"了一下，是不安，是酸楚，是疼痛，我也说不清。我急忙跑过去迎向了他，用我的大手握住了那双小手——那双冰凉而软软的小手。孩子仰起小脸，给了我一个浅浅的笑。我也最先记住了他的名字——小亮亮。

通过与班主任的沟通，我了解到小亮亮患有脑瘫，智力低于同龄儿童，思维反应比较慢，行动也不便，性格上更是孤僻。小亮亮的班主任告诉我，孩子的妈妈说：他们也试图带孩子出去和其他孩子接触，但孩子总是远远地站在一边，也不说话，真担心他以后的成长。唉！从这一声叹息中，我深深地体会到一位母亲的忧虑。从那天起，我告诉自己，在有机会与孩子的接触过程中，我一定要尽我所能让这个孩子快乐、自信。

在一次课间操上，我看到学生们都在做各种活动，只有小亮亮一个人站在角落里待着，我知道针对小亮亮这种情况，简单地围着操场锻炼是不成问题的，同时对他萎缩的腿部肌肉有很大的好处。于是，在以后的上操中，我都牵着他的小手坚持和大家一样走完全程。看着额头上渗出汗珠的小亮亮，我们相视而笑。

每到放学时，为了小亮亮的安全，我总是牵着他的小手，一直把他送到家人的手中。

从教室门口到校门外的路程虽然不算长，每天上操的路程也不算长，但就是在这不算长的路程中，就是在这大手牵小手的过程中，小亮亮的心与我的心贴得更近了。他好像在和我说："老师，您的手真大！老师，您的手真暖！"感受着这些稚嫩的话语，我的内心涌动着一股热流：暖这小手的何止是我的手，还有我的心啊！对孩子来说，这是对我的一种信任，一种依赖！

爱生之心，师皆有之，但对于特别的你，我会用特别的爱呵护你、陪伴你、守护你健康成长。

大兴区特教中心成立的20年来，我们每一位特教人都用爱心守护着这些孩子们。在今后的日子里，我们会继续努力，不忘初心，牢记使命，让每一个天使都被温柔以待。

孩子别怕，你的恐慌我了解

李 雪

一个阳光灿烂的早晨，呼吸着新鲜的空气，享受着温暖的阳光，这一刻多么惬意！但更令我感到幸福的是，眼前那张张比阳光更灿烂的笑脸和孩子们发自内心的爽朗的笑声！这不禁让我想起几周前的一幕……

早上，我像平常一样带着课本走向教室，还没走到教室门口就听到娆娆“呜呜”的哭声和其他几个同学安慰的话语。当我快步走进教室时，除了娆娆还在抹眼泪，其他人已经回到座位，教室里鸦雀无声。我从他们的小脸上看到了义愤填膺、惊慌失措、排斥厌恶还有委屈，看来这节语文课很难顺利进行了，不如改成班会吧。

我清了清嗓子：“我发给你们每人一张白纸，你们可以用画笔告诉老师刚才发生了什么，也可以站到大家面前把你看到的、听到的描述一遍，还可以直接说说你的看法。”

有的孩子在纸上画了一个掉眼泪的小女孩，有的孩子写下了“然然欺负娆娆”，从他们留下的痕迹中我大概猜到了刚刚发生的事情。这时我看到然然的纸上依然空白一片，眼里满是委屈和惊慌。而娆娆则走到大家面前，用不甚清晰的语音说：“然然打我！”这时，几乎所有的孩子都用手指着然然，有的不住地点头，有的大声地说“是！”我看到然然此时更加委屈，他极力地辩解道：“我没有！”

我示意大家安静下来，走到然然的身旁，弯下腰轻声地对他说：“你愿意告诉大家到底是怎么回事吗？”然然站起身走到教室前面，窘迫地说：“我想和娆娆玩儿，叫她，她没听见，所以就拍了她一下。她就哭了。”我转过身问娆娆：“是这样吗？”

娆娆仍带着哭腔说：“可是我很疼！”这时我走上讲台，在黑板上写下：如何与同学们正确相处？我面向全体学生温和地说：“我想听听大家对这件事的看法。”同学们有的说然然不应该使劲拍娆娆，有的说娆娆太爱哭了，还有的人说以前然然也推过他，更有的人说然然在教室里脱裤子……俨然成了然然的批斗大会！

我当然不相信然然故意欺负同学，因为他一直是个特别胆小、怕生的男生，由于他的综合能力水平比其他同学略低，所以大家都排斥他。后来经过多次班会和社会实践活动，终于使这仅有 8 名学生的班级融合成了一个集体，然然一定比任何人都更加珍惜这来之不易的友谊！我想到然然最近的表现和一些行为，又联想到他的年龄，我突然意识到：然然正处在青春期！他们虽然语音不清，语义表达不明，计算能力很差，但是他们的生理机能是按照正常速度发展的。然然这段时间总是有意无意地靠近娆娆和其他同学，喜欢搂抱和亲吻同学，然后还会笑得很不好意思。有的时候他很喜欢突然推一下身边的同学，然后等着反应过来的同学追着他跑。有的时候，他会非常不好意思地小声对我说“李老师，你很漂亮。”……

然然已经 13 岁了，我想这些行为和青春期肯定存在必然的联系。他无法像普通孩子那样了解自己身体的变化，也说不清自己心里的感受，他也许只是想和同学更加靠近，想要和吸引他的同学更接近。

了解了这些后，我决定“一定要帮他！”

晚上，我与然然的妈妈通了电话，告诉她应该注意一下然然的青春期问题了，建议让然然的爸爸多陪伴然然，并引导然然顺利度过青春期。我在网上搜集了一些关于男孩子如何顺利度过青春期的资料，以电子邮件的形式传给了然然的妈妈，并且给然然的爸爸推荐了两本关于男孩子身心发展的图书，建议他在陪伴然然洗澡过程中对他进行生理卫生的讲解，并在睡前给然然讲书里面的故事，从而引导然然正确认识自己的生理及心理变化。次日，我们又召开了班会，同学们对然然的包容多了起来，表示可以理解然然的不知轻重，愿意帮助然然改正一些不好的习惯。我在黑板上一一记录了大家的发言，并对大家懂得宽容、体谅和帮助同学给予了肯定。然然和娆娆又重新成为好朋友，其他同学也向然然再一次抛出了友谊的橄榄枝！为了帮助然然缓解青春期给他带来的压力，我们增加了体育锻炼和运动康复的时间，然然在一次次的挥汗如雨中绽放着他旺盛的生命力，露出了耀眼的笑脸。我还通过游戏帮助他转移注意力。在游戏中，他不再仅仅关注娆娆一个人，而是学着和所有人共同想办法完成任务，他在和同学们的合作中看到了他们的闪光点，与同学们的情谊也日渐深厚。

当学生出现“问题”时，我们应该先查找原因，然后仔细分析、冷静处理、对症下药。这样才不会让误会酿成苦果。孩子们的笑脸才会时常挂在脸上！青春是人生的成长与挑战，也是一首生命如花的赞歌。如何面对青春期带给智障孩子和家长的挑战，作为特教学校的班主任可以积极引导并提供合理的建议与帮助。

当发现然然和同学产生矛盾时，我没有粗暴地批评教育他，而是耐心帮助他更深入了解青春的意义，和他共同分析出现这些行为的原因，引导他建立乐观进取的人生观，学会包容、接纳和欣赏自我和他人，引导他成为成熟的个体。对待然然的问题，我也没有简单地向他的家长“打小报告”，而是提醒他们多多关注一下然然的变化，积极提供建议和资料，和然然的父母共同组建帮助然然的“团队”。

青春期的智障学生说不清自己的困惑与难处，但是作为与他们朝夕相处的班主任，我想说：“孩子别怕，你的恐慌我了解。”

爱问问题的凡凡

刘　健

一年级来了一个爱问问题的小男孩凡凡。医院诊断显示他是中度智力低下，有自闭症倾向。他有语言，能够比较清晰地回答问题，有时伴有口吃和重复。

课间操时，我主动拉起凡凡的手，凡凡看着我并不抗拒，任由我拉着他软软胖胖的小手。走在操场上，凡凡用略带口吃但较清晰的声音开启提问模式。

"这是什么?"凡凡指着操场上的五星红旗问。

"这是五星红旗，是我们的国旗"我回答。

"这是国旗，这是国旗……"凡凡重复着自言自语。

"这是什么?"凡凡又指着学校南边高大的烟囱。

"这是烟囱。"

"烟囱，烟囱是干什么的?"

"烟囱是取暖时烧煤用的，很多的烟会从烟囱里冒出来。"他歪着头想了想，我感觉这个内容已经超出了他的认知。

"这是什么?"他又指着操场墙壁上的冬奥会项目展示栏。同时读出了"滑冰"两个字。我一阵狂喜。"你认识这两个字?读一读里边写了什么?"随着他不太流利地读，更大的惊喜出现了，冬奥会项目介绍栏中大部分字他都认识，如果遇到不认识的字他会看着我，等我读出后他会继续往下读。“滑雪、冰球、雪车、短道速滑……”我们按照顺序向下读着。凡凡的识字量还是可以的。

每天的课间操都在我们愉快的一问一答中进行着。他很少笑，表情固定，经常歪着头像是思考的样子问着各种问题。问话中有校园中的五星红旗、各种玩具，还有天上的小鸟……看到什么问什么，我甚至感觉他就是一个正常的小孩儿。但是随着时间的推移，我发现他每天的问题是相同的。昨天说过的今天还要问，循环往复。我想他爱提问题说明他对这个问题感兴趣，是一种不自觉的学习方式。无论孩子问什么，家长和老师都不应该立即打断，要善于细心地观察孩子，从孩子的一举一动和言语中发现和发掘他的求知欲，因势利导激发孩子的求知欲，根据他的兴趣及能力尝试着从不同的角度让他进行探索和学习。

下面就以问五星红旗为例。

他指着国旗问：“这是什么？”

“这是五星红旗，你数一数上面有几颗星星？”

我和他一起数着 5 颗星星，1 颗大星，4 颗小星星。

第二天，他指着国旗问：“这是什么？”

“这是五星红旗，它代表着我们的国家，是中国在世界的标志和象征。你还在哪里见过五星红旗？”他没有回答，马上又进行下一个问题。

第三天，他指着国旗问：“这是什么？”

“这是五星红旗，每天太阳升起的时候，天安门广场就会升国旗，奏国歌。在学校里每周一也要升国旗，唱国歌。”

第四天……

第五天……

终于一段时间后，他退去了刚来学校的新鲜和好奇，不再问关于国旗等重复过的问题了，转入对同学名字的关注。

凡凡进入一个新的环境，对周围的一切充满好奇。他像正常学生一样有强烈的好奇心，并可以用语言表达出来。凡凡爱提问题，表明他的求知欲、想象力、学习能力都在悄悄萌芽，表明他探索世界的欲望和能力在逐步提高。只要孩子身上具备这种强烈的爱问问题的特质，经常会问一些为什么，才能够真正学到知识。在提问题的过程中探索问题，进行思考，促进大脑的发育，思维能力的提高。

凡凡总是提出相同的问题，与他的智力水平有很大关系。他来校后的表现接近于轻度智障，较正常儿童发育稍微迟缓一些，不像正常的孩子那样活泼，记忆力和分析能力相对比较差，词汇掌握得比较多，对新事物有兴趣，对周围环境有好奇心。同时他也具备智力低下儿童知觉速度缓慢，识记缓慢，保持差，易遗忘，再现不完整等特征，对于这样的学生特别需要家长及教师的关注。第一，要支持和鼓励孩子提问，肯定表扬孩子爱提问的现象。充分利用孩子渴望求知的机会对他进行教育。第二，不要嘲笑孩子，认真回答孩子的问题。不要觉得孩子的问题很幼稚就不回答，一定要耐心聆听，认真回答，满意的回答可以给他留下长久的甚至不可磨灭的印象，这样才不会打击孩子的自信心，保护他们的自尊心。第三，在回答问题时要用提问引发孩子的思考，引导他观察新的事物，拓宽他的思维，接近他到最近发展区，让孩子自己寻找答案，在解决问题的过程中，再给予孩子一定的支持和帮助，逐渐让孩子学会如何思考，培养孩子独立思考的能力。

课间操虽然只有 30 分钟的时间，却是学生运动和实践的大课堂。我们在操场上的谈话可能会有意想不到的效果，现场教学更具体、更生动，具有说服力、感染力，学生也更容易理解和掌握学习的内容。手拉手走在操场上更能创造情感情境，使学生体会到老师的爱，体会到愉快和成功，从而促进智力低下儿童的身心机能更好地发展。

学拼图

刘　健

凡凡是个中度智力低下、有自闭症倾向的小男孩。他性格温和，反应较慢，能听懂指令，语音较清晰，但不能说完整话，经常用简单的词语表达。大肌肉、小肌肉动作能力差，不爱运动，动作迟缓不协调，肉乎乎的小手很软，缺少力量，对动手活动很抗拒。喜欢听儿歌看动画片。

班里的玩具中有4~16块的各种图案拼图，大部分同学都爱玩儿，或独立或在老师的指导下都能拼上。凡凡对拼图没有兴趣，对放在课桌上的拼图非常抗拒，一直说："不拼图不拼图。"

通过和家长沟通，知道凡凡在家不玩拼图，也不会拼图。家长曾试图教过，他不学也就放弃了。拼图是益智玩具，可以训练孩子的观察能力、逻辑思维能力、专注力等，能促进孩子的空间知觉、感官协调能力，对学生的发展有很多益处。

我决定从四片拼图开始，耐心地指导他拼图的方法。在教的过程中我发现，他不能区分左右方向和正反面，拿着图片随意摆放毫无章法。有时把图片反面拿着就放在那里。"凡凡，把图片翻过来。"他听不懂翻过来的意思，需要老师边说边辅助把图片翻过来。经常把图片重叠放在一起，学习效果并不理想，凡凡非常不开心。

我从家里拿来1~2岁幼儿基础的两片拼图，有水果、动物、日用品等图案，图片颜色鲜艳，上面的水果和动物逼真可爱。凡凡的认知能力很强，认识很多的生字和动植物。首先我拼了一个大菠萝，问他这是什么？老师怎么做出来的？告诉他两片图合在一起就是一种水果，我们来一起拼一拼，看看还有什么好吃的水果。第一阶段训练我把两张图片按上下顺序放在桌子上，拿着他的手将两张图合在一起，"凡凡，你看我们拼了一个什么？""梨。"接着用同样的方法我们将水果拼了满满的一课桌，凡凡看着图片挨个把每种水果都认了一遍，非常高兴，体验到了成功的喜悦。"凡凡，我这里还有好多的动物，想不想拼出来？"我将动物拼图的两张图片按上下或左右顺序递给他，他比较自然地就合在了一起，逐渐熟练后，一会儿就拼出了十几种动物图片。我们几位老师一起表扬他，并奖励他听儿歌，我们终于在凡凡的脸上看到了笑的表情。

我加大难度，递给他的图片方向有所调整，他习惯性地直接拼上，两张图片非常别扭地放在一起他也没有感觉。"凡凡，这是什么动物？""大狮子。""我怎么觉得不是狮子呢？"他看了看，终于发现了不对，小手转着图片，转了一圈又回到原点。我握住他的小手转了半圈后向上一合，问道："这样是狮子吗？""是。"一段时间后，他终于可以自己发现不对并主动转动图片进行拼图了，这让我看到了共同努力后的进步，自己也有了一点成就感。

两个月后，我们开始了4片拼图的练习。4片拼图边缘是不规则形状，我先让他用小手感知边缘的直线和曲线的不同，边示范边讲解：直线放在框的边缘，边与边相对，同时观察苹果的部位，放在合适的位置。我仍然是手把手地和他一起摆放，拼完拆掉再拼，反复感知。好在凡凡的性格很温和，不急不躁，时间长了不想做时就会说"老师你做"。如果继续拼图他也会很配合，每次拼出来后都会听一首儿歌作为奖励。当凡凡自己能拼出大苹果时，他没有什么反应，我却是非常激动，真是太不容易啦！

凡凡逐渐掌握了拼图的方法，也有了学习的兴趣，开始了 6 块、8 块、12 块的各种图案的拼图练习。一学期下来他能将班内十几个图案独立拼接完成。期末展示时凡凡的拼图成果让老师和家长都非常惊喜。

拼图游戏对学生的能力发展有很好的促进作用。玩拼图时，孩子的手、眼、脑都会调动起来，先是眼睛将观察到的情况反馈给大脑，大脑又给手发出将每一个拼块该放在哪个位置的指令，手再将一块块散乱的拼块镶嵌到正确的位置，拼成一个完整的图案。久而久之，孩子的感官协调能力得到很好的锻炼。拼图游戏也可以促进孩子的大脑智力发育。在人体中，手部是大脑神经相连最紧密的器官，手指和手掌运动占据了大脑运动区的 1/3，感觉区的 1/4，手部运动越多，越能刺激大脑发育，手部的敏感度、灵活度越高，则大脑的发育越良好。玩拼图游戏，孩子需要十个手指反复运动，即锻炼了手部的敏感度、灵活度，也促进了大脑的智力发育。拼图游戏也能锻炼孩子的思维能力，可以让孩子知道一个整体是由许多部分组成的，以及许多部分能拼凑出一个整体。

孩子的学习要经过假设、判断到选择的过程。凡凡要从边缘开始学习拼图，就是学习顺序、秩序及进行逻辑思维锻炼的过程，在不知不觉中培养锻炼了孩子的形象思维和逻辑思维。

放　手

王　楠

在特殊教育学校，游戏是孩子们学习、成长的基本方式。孩子们每天在和同伴的运动游戏中进行着锻炼，“来回走”和“蹲起”，“蹲起”和“来回走”……

这个学期班级里来了一名新学生——阳阳。他是一个斯文、有点胆小、很有个性的小男生，由于出生时难产导致智力低下、行动不便。在家里是爸爸一直照顾他。

第一次接触到阳阳，是刚开学的几天，他每天都是安静地坐在座位上，不与同学们交往，不去喝水，不去厕所，老师问他，他就用大眼睛看着你或者莞尔一笑，很可爱。

经过一段时间的观察，我发现阳阳是一个不喜欢运动的孩子，他很瘦，腿部力量柔弱，浑身都透着一股无力感。虽然动作可以基本完成，但四肢无力，精细动作和肢体动作都有待提高，上下楼梯需要人帮助；语言发展迟缓，不会说话，只会简单地叫“爸爸、妈妈”。

开学以来，阳阳一直和小伙伴们开展游戏体验，独自站立和动作的能力有了进步。在早操期间，我惊喜地发现，和小伙伴一起做早操的阳阳，能做挥动手臂、点头弯腰的动作，说明阳阳的脚部力量有了增强。

第二天，我们就让阳阳尝试自己独立站在队伍里和小伙伴们一起做早操，虽然动作和标准相差甚远，但是孩子愿意动起来了，就是很大的进步。老师和同学都对阳阳的进步表示高兴和赞扬，他自己也很兴奋。趁着他的兴奋劲儿，我再次做出了一个大胆的“决策”，准备让阳阳尝试自己上楼梯。

在此之前，都是老师和阳阳手拉着手上楼的。今天我让阳阳尝试自己上楼梯。我先拉着阳阳上到二楼，边走边鼓励他“要尝试自己走”，给他心理暗示。在上三楼时，我把他的小手放了，鼓励他说：“阳阳长大了，自己拉着扶手上三楼，我给你加油。”阳阳笑着向我点头，表示同意。一开始我很担心，更怕他胆子小不肯放手，令人惊喜的是他大胆地放开了我的手，迈开了脚步向上走了。尽管步子有点不稳，手紧紧地拉住扶手，很费力气，但是阳阳跨出了自己的第一步。

当天，我就与阳阳爸爸说了“阳阳愿意自己上楼梯，并在没有老师搀扶的情况下独立走了一层楼”的好消息。阳阳爸爸简直不敢相信：“老师，我们都是抱上楼的。”我对他说：“让孩子愿意并给机会让他独立爬楼梯，这对孩子是一种锻炼，更是相信孩子的表现，只有这样才能知道孩子的能力在哪里，发展需要在哪里，该放手时就放手！”于是，我们达成了教育的一致性，让孩子尝试自己上楼！

“放手”是基于教师对孩子现有能力的了解。在了解学生们能力的基础上，给孩子一个更高的目标，使孩子有不断进步的方向。让阳阳自己独立上楼梯，就是老师基于孩子目前的发展水平和更高发展需要而做出的大胆决定。同时让家长了解孩子的发展现状，信任孩子，支持教师，这样更有利于孩子能力的发展。

让每位特殊儿童改善症状提高生存能力，致力于为孩子一生的发展奠定生活基础，是每个特教工作者的最大心愿，像阳阳这样的唐氏综合征患儿，需要的是教师更多的关注和关爱。

在阳阳自己走楼梯的过程中，我通过语言提示和鼓励，放手陪着阳阳独立爬楼梯，从拉着小手走一层楼到放手鼓励阳阳自己再走一层楼，从而使阳阳迈出了独立走楼梯的第一步。

该放手时就放手。“放手”不是撒手不管，而是基于对孩子能力的评估，做出的有效指导方式。在教育中，我们要做到有效观察和科学指导，教育既做到良性的循环又做到和谐统一，是改善特殊儿童症状、提高他们生存能力的有效方法。

教师的爱是滴滴甘露，即使枯萎的心灵也能苏醒；教师的爱是融融春风，即使冰冻了的感情也会消融。有爱才为教育，用自己的爱心浇灌学生的成长，教育是“爱的教育”。作为一名特殊教育学校的教师，我深深懂得，特殊教育是爱的事业，是一种能触及灵魂、动人心魄的教育过程。这种爱是“一切为了学生，为了一切的学生，为了学生的一切”的博大无私的爱。

每朵花都很美

王　楠

我是特教中心的一名班主任。

迎接一年级的新生时，班里学生的问题比较严重，没有任何纪律性可言，每个学生都很自我，由于孩子们的特殊性，面对这样的陌生环境也非常紧张，有些孩子会大叫；有些则坐不住，总想着回家；还有孩子在家里随意惯了，随时都想吃零食。各种各样的问题摆在了面前。

坤坤是个唐氏综合征患儿，刚刚进班。他的性格比较讨喜，很会撒娇，也很懂事。他的理解能力很好，可以照顾自己；动作发展很好，可以跟着老师做一些肢体动作，但是精细动作和肢体协调有待于提高，语言发育迟缓，咬字不清，需要多次纠正才能勉强读准。唯一不好的一点就是固执，俗话说就是很拧，他想做的事情必须要达到目的。

经过一个多月课堂常规的训练和观察，坤坤在学习方面的表现远超过班里的其他同学，他的学习能力很强，接受能力很好，对新鲜事物也很感兴趣。课堂上可以跟着老师的节奏走，能够理解老师的意思。唯独一点，就是坤坤比较任性，在课后奖励他玩玩具的时候，他会非常高兴，在准备收回玩具的时候，他会非常抵触，会有激烈的抵抗。凡事不顺他的心意时，他就会情绪很激动，一屁股坐在地上不起来了。

刚开始遇到这样的情况，我会非常耐心地劝导他："坤坤，我们现在要开始上课了，这个是对你上节课表现做出的奖励，现在老师需要继续上课，我们先把玩具收起来，等下课老师一定再给你拿出来……"但是我发现这种方法对他来说完全没有作用。

出现这样的情况，我会第一时间与他的家长取得联系，坤坤的爸爸妈妈都是中学老师，通过与家长沟通我了解到，在家里，坤坤也是如此，家人带他出去玩儿，如果他没有玩尽兴是肯定不会离开的，由于他体型偏胖，家人也没有好的办法，只能是少带他出去玩儿。

了解这些情况后，我与另一位班主任李老师商量好，如果坤坤再出现这样的情况，我们就先放任他，告诉他不遵守学校的纪律就无法做其他事情，不能玩玩具，也不能听儿歌。这种情况下，坤坤会依然坚持，他会坐在地上不起来，但是这个时候我不能心软，让他明确知道，这种方式是得不到奖励的，僵持的时间久了，他开始会哭，把握好时机，我就会安抚他，给他一个台阶，他会非常委屈地趴在我身上哭，但是我知道接下来他就会按照我的提示去完成他的任务，就这样，在两年的时间里，坤坤已经完全改掉了这个不足。

有一次，我带着孩子们开展自主游戏，一起玩乒乓球，坤坤不会，但是球跑了，他会去追回来。回来后把球给同学，同学们对他说："谢谢，坤坤！"此时坤坤的脸上充满笑容。就这样，坤坤一次两次三次，来回捡球，送球。玩得很愉快。

相信每朵花都会绽放，同时需要展示的舞台。在特殊教育学校这个小小的校园里，我用诚挚的心，握着孩子怯懦的手，用无数的方法，让孩子抬起自信的头；用万语千言，开启那一个封闭的心灵……我面对的虽然是有特殊教育需要的儿童，对他们的课不能搞特殊，每次都不允许自己打折扣。他们有的真的很有天赋，有些画画非常好，惟妙惟肖，没有一次不逗得我开怀大笑。我们参与他们生命的成长过程，可谁又能说不是他们陪着我们一起成长，带给我们单纯的快乐呢？我们只有更加用心地对待孩子，手把手地教孩子每个动作才能配得上他们的可爱。把平凡当成一种磨炼，把日常当成一种修养，把岗位当成责任，关注工作细节，关注学生细微的变化，成就平凡的伟大，普通的崇高。

有人说他们智力发展缓慢，记忆力不好。可没有人知道当他们脱口而出叫一声“老师”会带给我多大的震撼，我必须发自内心地热爱这些特殊的学生，和他们在一块儿是一种快乐。我从生活点滴中去关心他们，让他们感受到真正的关爱与呵护。在此基础上针对不同情况，具体实施正确有效的引导教育，只要不放弃，用真情打动学生，感化学生，总会看到学生的变化。

教师的爱充满教育的心智，教育有爱才会闪耀出智慧的光芒。

与“星星的孩子”同行

吴春英

初春的三月，几只小麻雀不停地在泛绿的树枝上跳来跳去，叽叽喳喳的叫声，好像在呼唤桃红柳绿的春天的到来。校园内的草地隐隐约约露出了浅浅的、黄绿的颜色，微风袭来还带着丝丝凉意。

音乐铃声又一次响起，课间操的时间到了。因为今天是周一，学生们先要集体升国旗，然后再锻炼身体。我连忙来到本学期跟班的低年级，和两位班主任一起组织学生来到操场。

走进教室，两位班主任正在给 3 名男生穿衣服，由于自理能力差，学生们穿衣服有不同程度的困难，有的不会拉拉锁，有的分不清里外面，两位班主任一位正在教学生学习拉拉锁，一位正在教学生怎么穿外衣。

田田经过寒假的休息后，身高已达 1.5 米，体重达到 55 公斤，4 名男生中他比别的同学高出半头。田田今天到校后情绪极不稳定，不停地尖叫着，时而用手拍打桌子，时而用手揪头发，不肯穿衣服，两位班主任正在给情绪相对稳定的同学穿衣服。见此情景，我连忙走到田田的身边，准备给他穿衣服。

“今天田田的情绪极不稳定，我们先给其他同学穿衣服，最后再给他穿。”班主任老师对我说。我告诉班主任，我试着给田田穿衣服。

“田田，先坐好。”我连忙走过去安抚田田，稳定他的情绪。

我用一只手不停地给他轻轻拍打后背，另一只手握住他的手，过了一会儿，他的尖叫声渐渐停止了，情绪逐渐稳定了下来。我连忙拉起田田，拿过衣服帮他穿好，然后拿过红领巾，继续稳定他的情绪。

“田田，红领巾是什么颜色的？”

“老师告诉你，红领巾是红色的，是红旗的一角，是用革命烈士的鲜血染成的，我们少先队员要爱护我们的红领巾。”

他安静地看着我似懂非懂，没有张嘴说话，我连忙给他戴上红领巾，拉起他的手，排着队向操场走去。

“升国旗，奏国歌！”辅导员老师宣布升国旗仪式开始了。此时的田田，虽然我拉着他一只手，但是他的另一只手不停地挥动，还不停地跳跃。

“田田，升旗了，少先队员要敬队礼，还要向国旗行注目礼！”我边说边帮助他把右手高举过头顶，五指并拢，敬上庄严的队礼。为了防止他继续跳动，我用一只手轻轻敲打他的后背，不断地进行安抚。

升国旗仪式结束了，各班整队在操场上走步锻炼。我和两位班主任一起，让他们排好队，先静静地站在国旗下边，仰望高高飘扬的五星红旗，班主任耐心地为他们讲解，抓住时机进行爱国主义教育。

“国旗是什么颜色？红领巾是什么颜色？”班主任问道。

“红色。”田田先回答了班主任老师的提问。

“红旗上面有五颗五角星，所以叫五星红旗，红旗是国家的象征，我们是中国人，要爱护我们的国旗。”班主任继续讲解着。

“我们爱国旗，我们爱五星红旗。”我低下头，温和地对田田说。

田田看着我的口型，一字一字地说了出来："我-爱-国-旗，我-爱-五-星-红-旗。"

在日常的教育教学中，我深深地感到：用一句话表达自己的感情，或是喜悦，或是尊敬，或是悲伤，对于正常的孩子来说很容易，但是，对于一个患自闭症的孩子来说是多么不容易！从不张嘴表达，到用一个字说话，再到用一个词或一句话表达，这个过程的背后要付出多少的心血呀！

田田在班内4名同学中的情绪自控能力最差，老师必须一对一地进行帮助，我负责全程对他帮助辅导。因为田田的情绪时常变化，对声音、飞行物、昆虫和鸟类、地上爬的小动物都非常敏感，因此，我平时必须用力拉着田田的手或揪住他的外衣，防止他情绪不稳定时奔跑、跳跃时受伤。

我和班主任一起领着学生们排好队，在操场上进行走步锻炼。突然，田田用力挣脱我的手，嘴里发出"唧唧唧唧"的声音，他仰头看着天，手舞足蹈地在操场上不停地跑了起来。田田因为身高体重都超常，情绪上来力量非常大，班主任老师就是因为田田挣脱时的力量太大，腰被扭了，很长时间才恢复。

我迅速跟了上去，连忙揪住他的外衣，以防他再次挣脱。

"飞机飞机！"田田仰头看着天空很远的地方，随着一阵阵隆隆的声音由远而近，一架飞机从蔚蓝的天空上飞过。

"飞机是从咱们大兴机场飞过来的，放假了，让你爸爸妈妈带你去看看飞机，机场里有好多架飞机呢。"

"去看飞机，看飞机。"田田看着飞机渐渐远去，情绪安静了一些。

"放寒假、暑假，让爸爸妈妈带你出去玩，坐大飞机在蓝天上飞翔好不好？"我边说边拍拍他的后背。

“坐飞机，飞飞飞！”田田用他特有的方式表达着。

我温和地看着他，感受着田田的进步成果，虽然只是简单的语言，但是他有了交流表达的愿望。这对他的健康成长是多么的重要呀！

于是，我们继续在操场上走着。田田突然弯下了腰，我低头一看，田田用手指抓住一只断了翅膀的苍蝇，起身就往嘴里放，我连忙伸手制止他。

“田田，不能吃！苍蝇的身上有好多细菌！”我大声地命令他，立即掏出卫生纸帮他把手擦干净。

“田田，把这只苍蝇用脚踩死，它是害虫，对我们有害！不能抓住什么就吃！”田田看着我点点头。

听班主任讲，田田的情绪不稳定时，一些小的东西、小的昆虫在家里抓住就放入嘴里，有时家长想让他吐出来，他已经吃了。来到学校后，班主任老师和任课教师就每个学生的情况进行了沟通，以便对症下药。因此，发现田田的这些举动后，我立即制止了田田，并进行引导教育。

校园内的小草越来越绿，光秃秃的树枝上长出了黄绿色的新芽，几只小麻雀时而在树枝上停留，时而在树枝上跳来跳去，时而在天空中飞上飞下，叽叽喳喳唱着动听的歌！

课间操锻炼的时间又到了，我来到教室，田田见了我，眼神里有了光彩，主动把手伸给了我。

“老师好。”田田主动向我问好。

“哎呀，田田进步了。我们日常的教育引导起作用了！”班主任老师欣喜万分。

“老师辛苦了！”我引导田田，田田随声应答。

踏着春日的暖阳，我牵着田田的手，排着队到操场上走步锻炼。蓝天、白云、飞机、麻雀、昆虫、绿树、红花……都成了引导教育他的内容，田田焦躁的情绪有了缓解，木讷的表情悄悄地发生着变化，无交流的状态渐渐有了好转。我们在师生的互动中传递着美好，传递着爱的力量！

随风潜入夜，润物细无声。教育实践证明，对于自闭症学生的教育，要时时观察他们的情绪状态，激发兴趣点，更要有爱心、真心、耐心，只有这样，来自“星星的孩子”才能在爱的关怀下健康成长。

不让一个孩子掉队

张冬梅

说起特殊教育，常人能想到的可能是多动，可能是超长，也可能是身体残疾。然而从事特殊教育的我，每年迎接到校的更多是那些心理上有创伤的孩子。当父母把孩子交到我手上的时候，有的是无奈、有的是期待、有的甚至是崩溃后的解脱。

从教这么多年，我麻木过，也有过放弃的念头，但是，每当看到孩子有一点点改变的时候，我感到那就是一天中最幸福的时刻。也就是那一个个不能忘记的时刻，一次次激起我做特教人的决心。

孤独症，又称自闭症，是一种发育障碍。我班的孤独症儿童——郭某，既有发育障碍问题，也有智力问题。

刚接触这个孩子时，他的双眼无神，目光呆滞；不能与人对视，经常发出怪叫声，到处走动，不与小伙伴一起玩；发音模糊，口齿不清。很明显，他是一个患有非常严重孤独症的儿童，为此，我们两个班主任制订了“个别教育计划”，一有空就训练他，并与家长建立良好的关系，共同进行训练。

对郭某，我们采用的是ABA训练法。在教郭某数数和写数时就运用了此种方法，并经历了一个艰难的过程。

刚开始发出指令时，他根本就不理睬，只管自己拿着笔玩，偶尔用眼睛斜视一下老师。试过几次叫他来跟老师一起数数，都不见效，这时就要拿出他喜欢吃的糖果刺激他，一见到糖果他就会兴奋，伸手来拿。趁此机会，让他和老师一起数数，然后把糖给他，这个过程，是糖在起作用，而不是老师的引导起作用，经过几周的训练，慢慢地，他在糖的“诱惑”下能数数了。再后来，脱离了糖果，他只要一听到老师叫他“郭某来跟老师数数”，他就会慢慢地站起来数数，经过几个月的训练，他会数简单的几个数了。这点滴的进步，浸透了老师和家长的辛苦和汗水。

郭某平时总爱拿着笔在本上、书上的任何地方乱涂乱画。如果不让他画，他就会大哭大叫。我想，发挥他爱拿笔写画的优势，训练他的眼、脑、手等器官的协调能力，对其进行缺陷补偿。

学写“1”时，难度可大了，在校时，我就握着他的右手，躬着腰，慢慢地教他。开始时，他不愿受到约束，烦躁发脾气。老师不能着急，只能顺着他，过一会儿再来。这个过程要求保姆（在校陪读）也要记住不能急，要小步子，多循环。回到家后，也要进行训练，然后给他一些喜欢的食物刺激他。会写“1”之后，学写“2”同样经历了一个艰难的过程，在以后的一段时间里，我和小保姆都有一个共同的感受——“我的腰好酸啊！”

孩子的进步即使像蜗牛一样慢，我们也是高兴的，没有孩子的进步，就没有我们的成功。有一次，我让其他几个同学到黑板上听写数字，郭某见他们都到了黑板前，自己也来到黑板前，拿着粉笔就写，一开始我没注意他，忽然他的举动一下子引起了我的注意，他竟双手拿着粉笔在黑板上同时写“1，2，3”，右手写出的是“1，2，3”，而左手写的是与之相反方向的“3，2，1”。这说明，他的脑海中有对称的意识，我及时表扬了他，奖励了他一朵大红花，并教他说“我真棒！”他乐呵呵地回去了。后来，我一叫“郭某到黑板上写字了”，他就会主动地走下座位到前面来写字。我坚信，他今天学会数数，学会写“1，2，3”，明天就一定能学会更多，更多……

对孤独症孩子的教育还需要我们不断地去探索、去学习，对他们进行更好的教育训练，以达到最佳的教育状态。

陈某也是一名自闭症学生，男，12 岁，四年级学生。与郭某不同的是，他的语言发展能力良好，能够重复老师说的话，能够背诵古诗。在学习能力方面，不会正确地书写，会描写、涂色、剪纸。思维能力较差，有语言能力但不主动与同学交流。不能安静地坐在座位上，基本不具备独立学习能力。在老师、家长一对一式的辅助教学下能够完成简单的教学任务。

陈某的母亲是一名中学教师，父亲长期出差在外，有一个 3 岁的妹妹，他与父母和妹妹居住，现在由大姨接送。陈某的情绪容易激动，不愿意听从管教，经常抓人。喜欢重复说一句话或几句话，不愿与人交流，课上随意走动。对操作活动比较感兴趣，例如，涂色、用小剪刀，涂色时间不能过长，经常涂一半就不涂了，不过他会自己搭配颜色，涂色均匀，比其他同学涂得好看。小剪刀用得也很好，能够按着线剪。陈某主要存在情绪易激动、自控能力差、有攻击性行为等问题。通过一次家访我与孩子妈妈针对陈某的行为进行了深入的探讨，并达成一些解决方案和矫正方法。矫正方法主要有三点。

一是多安静活动，稳定其情绪后，再找适当的机会，了解他的行为动机，耐心地告诉他同伴间的相处之道，暗示他努力改正缺点。二是老师与家长相互配合，共同合作。家庭方面要结合妹妹的成长告诉他怎么样做是对的，怎么样是不对的，在确保妹妹安全的前提下，要让他与妹妹有一定的接触。三是改善伙伴关系，逐渐改掉不良习惯。改善伙伴关系，能减少陈某的焦虑情绪，也有利于他的进步。为此，我尽量在同学面前维护他的自尊心，注意挖掘他的

“闪光点”，让同伴真正亲近他、接纳他。课间活动让他跟着其他同学玩玩具、唱歌等。

爱是特殊教育人坚守的底线，也是最有效的教育手段，经过我们对他的评估，持续的矫正训练，在大家的共同努力下，陈某各方面有了比较明显的变化。

史某，男，6岁，一名孤独症儿童，是我接收的最小的一名学生。入学时的表现是：不知如何与教师、同学交往，表情恐惧，时常大哭，有时有自虐行为，如咬嘴唇、抓人等，问他为什么，他不能用语言表达内心需要，上课时不时围着教室跑，行为不能自控。

有一次，我给学生上语文课，在我表演小鸭子在水中游呀游的动作时，我发现他瞪大眼睛看着我。这是我们师生第一次目光交流，从那时开始，语文课上我尽量采用与学生日常生活实际相结合的形象有趣的教学方法，如：请一名梳辫子的小姑娘表演单韵母 a 的形状，搭成一扇小门做游戏认识声母 n，画上两扇小门捉迷藏认识两扇小门 m，等等。至第一学期期末，我发现这名男孩哭的现象少了，逐渐地也不下座位乱跑了，这种深入学生内心深处的潜移默化的感发教育，在孤独症儿童转化中起了作用。

第二学期，进入识字教学阶段，我仍采取同样的教育教学方式启发感化这些孩子，如：认识“山、石”两个字时，我结合组织学生去小公园爬一爬假山，摸一摸石头，引导学生触摸知识，强化刺激，在认识“东西南北”四个表示方向的汉字时，我带学生到室外，迎着初升的太阳说方向，认汉字，增强生字的实用功能……

回顾从事特殊教育的过往，每天晨检时间我都会教他们打水、扫地、擦桌椅，教他们讲礼貌，学说“老师好”。课间我带他们到室外一起游戏，一块说话聊天，提醒他们喝水、上厕所，给他们系鞋带更是常有的事。王某不会洗碗，我就手把手地教他洗碗。赵某由于身体太胖经常把大便解到外面，我就拿着纸和拖布给她打扫。

后来我不厌其烦地教她怎样避免把大便解到外面，功夫不负有心人，赵某终于克服了困难。我班的袁某肢体不协调、智商为重度残疾，见到好吃的就不知道饱。通过与家长的沟通和平时他运动量的大小给他定饭量，这样就很好地杜绝因不知饱而撑得胃疼了。由于他的肢体不协调，有一天午饭后袁某尿裤子了，我顾不得其他，帮他把衣服脱下来放到暖气上并用吹风机烘干，让他坐在我的椅子上盖上我的衣服。

我要尽自己最大的力量去帮助、教育这些孩子，哪一个孩子都不能掉队。

用智慧和爱“拥抱”

张洪岭

2022 年 9 月，我正式加入北京市大兴区特教中心育人团队，成为一名“特教”班主任。

开学之前，我积极参加特教班主任培训，学习特教班级的管理方法；积极学习自闭症和智障心理学等方面的课程，为自己充电，做好了充分的备战工作，以应对开学后的复杂局面。可开学后的实际工作，还是令我狼狈不堪。

班里有一个大个子，他就是学校赫赫有名的杨同学，11 岁的他足有 1.6 米的身高，80 公斤的体重。他多动，精神不能集中；他自闭，不能和别人正常交流；他易怒，有攻击性行为，再加上他人高马大，简直就是班里的一枚“定时炸弹”。

“我不知道挨了他多少次拍打，都是突如其来的。我都不敢让他离开我的视线，不敢让他站在我身后。”这是前任班主任徐老师对他的介绍。在了解了该生的基本情况之后，我决定利用自闭症和智障心理学等方面的知识和他“斗一斗”，争取解决掉这枚“定时炸弹”。

拥抱——拉近心理距离

开学的第一周，每天早晨到学生门口接学生，看到杨同学那逃避的眼神，紧紧地贴在父亲身后，对我充满了戒备。我得想一个好办法，能够近距离地接近他。“杨×爸爸，您和孩子拥抱一下。”“拥抱，好久没干过这事了。”杨同学的爸爸看着我，充满了惊讶。“您展开双臂，等他入怀。”杨同学的爸爸照做，展开双臂，嘴里说着“拥抱一下。”我借机上前，拉住杨同学的的手说：“和爸爸拥抱，展开双臂表示要拥抱，和谁拥抱表示谁是真的对你好！”杨同学在我的鼓励下，好像明白了拥抱的含义，只是还没有主动拥抱爸爸，这时杨同学的爸爸主动上前一步，把他紧紧地抱在了怀里，此时只见杨同学的脸上洋溢着欣慰而又自豪的笑容。我见此情景也伸展开了双臂，大声说道“杨×，来和老师拥抱，老师也真的爱你！”杨同学的爸爸一看，松开了孩子，把他推入我的怀里。我轻轻地拍着他的后背，小声地说：“杨×，不怕，以后老师天天和你拥抱，天天陪着你。”我发现他在我的怀里好像也很安心。以后，每天早晨和杨同学见面，只要我展开双臂，他就会主动地迎上来和我拥抱。慢慢地我发现他和我的心理距离拉近了很多，一改之前的戒备状态。

拥抱——放下心理戒备和防御

在学校的实际生活中，我发现杨同学的攻击性行为，大多数情况发生在自己犯了错误，老师对其批评教育时，而他平时很少攻击班里的其他同学。有一次。杨同学把花盆从窗台上推了下来，里面的花和土撒了一地，我当时很生气，就大声地斥责他为什么要这样。这时只见他伸出了自己的双手，总想控制住我的胳膊，眼睛里充满了恐惧，然后趁我不注意，发起突然袭击，一把就挠在了我的肚子上，隔着衣服都挠出了四道红指印，其中有两道已经渗出了血渍，我当时很是惊愕，他哪来的勇气敢攻击老师，他当时是何等的惶恐。

为了弄清其中的缘由，我找杨同学爸爸进行了一次长谈。原来在家里杨同学犯了错误，家长认为和他讲道理，他也听不明白，为了让他长记性，就采取让他站着不许动，用笤帚或棍子打屁股和腿的方式进行惩罚。久而久之，在这种情况下，孩子就有了对大人充满戒备和防御的应激反应，但又不敢攻击自己的家长，而在心底早就埋下了防御和反攻的种子。于是在学校里，当自己受到批评时，他以为老师也会像家长一样用打他来惩罚他，就出现了想控制老师并攻击老师的行为。

了解了基本情况后，我先对杨同学爸爸进行了劝导，并指明对于自闭症的孩子，其本身内心就非常孤独，对身边的一切都充满了戒备，因此才不愿与别人交流，对于这样的孩子更要多一份关爱，多一点耐心才可以。杨同学爸爸同意我的观点并答应了我的要求。在接下来的日子里，每当杨同学犯了错误，我总是展开双臂先和他拥抱，然后抚摸着他的后背和声细语地说："孩子，犯了错误不可怕，能改就好，改正了老师和同学还会喜欢你!"慢慢地他的心理戒备消除了很多，从他的眼神中，可以看出他的戒备之心已经明显减弱，再也没有出现过攻击老师的行为。

心理拥抱——提升自信，为班级服务

杨同学有一个优势就是有力气。为了发挥他的优势，成功转化他孤独自闭的劣势，我选他为班长，让他协助两位班主任管理班级工作，我们两位班主任商量好平时老师和同学不叫他名字，直接叫他"班长"。听着一声声"班长"的称呼，杨同学的脸上洋溢着笑容。从不与同学交流的他，在老师的安排下，上操时积极地拉着其他同学的手，很负责任；积极地帮助班级倒垃圾；放学时还会帮助班级把桌椅摆放整齐——慢慢地，我们的杨同学变了，变得老师“一声令下”就立即会出现在为班级服务的道路上；变得不再狂躁不安；变得脸上总是洋溢着幸福的表情。

只要老师毫无保留地对学生给予深深的爱与关怀，学生即使存在一些先天性缺陷，也一定能有所改变，也一定能有所进步，也一定能向着适应社会的方向发展。

喜欢包装盒的孩子

张丽颖

王某，一个胖乎乎的小男孩，白嫩的皮肤，大大的眼睛，给人极好的印象。但是接触一段时间，你就会发现，他不与人交流，没有目光对视，经常自言自语，行为刻板。这是典型的自闭症的特点，他在校时只是独自做自己的事情，从不与同学和老师交流，叫他名字时也没有反应。他喜欢玩包装盒一类印有文字、颜色艳丽的东西，手中没有盒子的时候他会很烦，又哭又闹，甚至出现在地上打滚、摔东西等过激的行为，情绪不好时会喊叫、扔东西。

王某是家里唯一的孩子，父母年龄很大时才有了这个儿子，因此对孩子比较溺爱。王某有自己非常喜欢的东西，当别人不能达到他的要求时，就会出现烦躁的情绪，用喊叫、摔东西，甚至攻击他人的方式表现出来。在他有这种表现时，家长会想方设法地满足他的要求，渐渐形成了恶性循环。在王某的意识里只要用这些“办法”就能达到自己的目的。

王某由母亲带大，曾在一个培智学校接受过很长一段时间的训练，他的语言表达不清，但他母亲每天和他在一起基本能理解他的意思，因此母子的关系很好。

孤独症儿童并不完全缺少对他人的良好反应，有时也能表现出对熟悉的人的依赖或喜欢，这样能促进孤独症儿童积极地融入社会。教师通过与儿童建立亲密的情感，使儿童有安全感和信任感，使之能积极配合训练。

我在与王某相处的过程中尽量与他多接近，利用他喜欢的东西与他沟通，并给予他最大的帮助。例如，他喜欢写包装盒上的字，我会及时为他准备充足的盒子和纸张，有时还会握着他的手写字，每到这时他会非常高兴，非常听话。

王某每次看完一些盒子以后，都会把它们撕掉，扔得满地都是，影响了教室的环境卫生，遇到这种情况，我会严厉批评他的做法，并让他把所有的纸片都捡起来，扔到纸篓里，使他在认识到错误的同时知道怎样去改正。渐渐地他撕纸的次数减少了，撕了的碎纸也不再扔到地上，而是扔进抽屉里，或直接扔进纸篓里。

王某还喜欢看各种内容的光盘，不管是上课还是下课，只要想看了，就跑到电视前，不依着他就会又哭又闹。这时我会告诉他，只要能完成老师的作业，如写好今天学的汉字，做对几道数学题，就可以奖励他看一会儿，为了能看光盘，他会快速地完成任务。有时王某犯了错，我也会告诉他，“再这样做就不让你看盘。”用他喜欢的事情制约他的错误行为。

所谓故意忽略，是把注意力从儿童的不好行为转移开来。这种处理儿童过失的方法可以减少其无端地发脾气。曾经有一段时间，王某的家人经常带他到超市去玩，他在心里记下了这个热闹的地方。一次，在校上课时他大声地喊：“超市、超市。”他的语言表达不清，老师听不明白他说的是什么意思，他就又哭又闹，直到把家长找来才明白是怎么回事，家长只好把他领走了。事后我和家长一起告诉他，“上课时间不能去超市，你在学校好好表现，放假了才能带你去。”以后他又喊过要去超市，我就装作没听见，他见老师没反应也就不再喊了。

研究资料显示，孤独症的孩子很难与人正常接触，通常表现为不理别人，对人极为冷淡，从不主动找人玩耍，也不主动参与别人的谈话，自己玩自己的，不会像一般孩子喜欢大人抱他、逗他、陪他玩。对亲人和对生人的反应没有什么差别，看到陌生人也不畏惧。同时，他们与人沟通有障碍，包括语言上的障碍及非语言上的障碍。

基于这些原因，我在班里尽可能为王某创造与大家接触的机会，例如，让其他学生玩王某喜欢的游戏或玩具，吸引王某加入群体活动中来，虽然有时只是极短的时间，但看得出他在心里接受了老师和同学。在王某遇到困难时，我会向大家提议，一起帮助他，让他感受到集体的温暖。

现在，王某已经不再是那个不理人的孩子了，他能叫出班里同学的名字，能按老师的指令给别的同学发作业本，能和大家一起擦黑板、扫地。在“随风潜入夜，润物细无声”中，王某受到感染，融入了集体。

特级教师王兰说：“不是聪明的孩子常受表扬，而是表扬会使孩子更聪明。”运用好表扬的艺术，在班集体中为学生们树立一个个鲜活的榜样，有着巨大的激励作用。在智障孩子的身上表扬的方法同样适用，表扬并不限于在口头上，王某主动捡起地上的纸片时，我会奖给他一颗“劳动星”；他认真写完一篇字时，我会在他的本子上画一朵小花；他上课听讲认真，课下就会得到喜欢的盒子。老师的表扬与奖励让王某从心里认识到这样做是对的。

我用自己的理解、关注、耐心和科学的方法，帮助王某有了一些进步，他不再那么冷漠，不再对周围的人置之不理，他的脸上也有了与同龄人一样的灿烂笑容。

害怕“去”厕所的男孩

李　昉

小小是个10岁的男孩，有典型的自闭症倾向，沟通交往障碍，刻板行为，兴趣狭窄，从来不和同学一起玩；喜欢运动，尤其是游泳，在水中游刃有余；平时在学校喜欢独自玩水，喜欢用固定的剪刀剪纸，喜欢跳蹦床，在蹦床里面边跳边笑，高兴极了。小小还喜欢荡秋千、玩滑梯等运动项目，但是对同学们喜欢玩的小汽车、拼插玩具、积木等一概不感兴趣。

在饮食方面，小小比较挑食，不喜欢吃蔬菜，只吃米饭和馒头，尤其是喜欢吃馒头的皮。每次都是先把馒头皮撕下来，吃完馒头后再一点一点地吃馒头皮，吃得很香、很享受。他非常喜欢吃糖，但是他吃糖后会出现过敏反应，又蹦又跳还大声尖叫，身上会出现小红疹子，不用医治，半天后会自愈。

小小有一个幸福的家庭，爸爸妈妈都是高学历，有稳定的工作。哥哥比小小大6岁，非常优秀，琴棋书画样样行。爸爸、妈妈、哥哥都非常爱小小。他们对小小除了慈爱之外更多的是溺爱。爸爸的新手机被小小扔到楼下摔得粉碎，爸爸没有批评小小一句。有一段时间小小喜欢剪纸，哥哥的作业和小猫的耳朵都被他剪了，家里人都舍不得批评小小。即使知道小小吃糖后会出现过敏反应，但是爸爸还是会偷偷给小小吃他最爱的糖。

小小两岁半时被诊断出疑似自闭症后，爸爸妈妈就开始给小小进行各种康复训练。有感觉统合、语言训练、认知学习以及动作训练等。妈妈还考取了感统训练师、专注力培训师等证书。只要知道哪里有关于自闭症方面的知识培训，妈妈都积极报名学习，希望小小能快点儿康复。小小的身体很灵活，他的大运动和精细动作发展都非常好。他有良好的生活自理能力，穿衣服、拉拉链、系扣子、穿鞋袜、独立如厕、接水，只要能让他明白做什么，基本都能完成。课堂上虽然发音不清晰，但是能跟着老师一起读词语，能书写简单的生字和偏旁部首。但是小小有时候不配合，不想写，田格本不是被小小撕了，就是让他用铅笔画乱了。小小的综合能力较强，一些能力让老师刮目相看。

一年级的时候，小小能独立如厕，没有任何问题。疫情后的一次返校上课，开学当天，小小就出现了一个新的问题，那就是不去厕所，想在教室内的垃圾桶里小便。我制止了他在垃圾桶里面小便的行为，想尽办法让他去厕所，他就是不去。即使拿他最喜欢吃的糖引诱他也无济于事。我知道他有小便了，就赶紧找来了其他老师跟我一起把小小抱到厕所去，可是一放下，他又跑回了教室，坐到了椅子上了。再去拉他的时候，他双手抱着桌子，怎么都不松开。嘴里还发出尖叫声，就在这时候，他尿裤子了。以为是厕所的环境影响了他，我没有批评他，而是赶紧帮他换好了衣服。后来，小小又有小便了，他又跑到了垃圾桶前，正要脱裤子，我赶紧拉着他往教室外走，他看出来我想带他去厕所，马上躺在楼道里面，我怎么都拽不起来，其他老师看到这种情况过来跟我一起拉小小，我们一个拉一个抱，小小的力气很大，拼命地挣扎，结果我们输了，没能拉起小小。就在我转身回教室打算拿强化物的时候，小小迅速起来跑回了教室，刚坐下，他就又尿裤子了。我和家长都认为是小小在家待了半年多刚来学校还不适应学校的环境，等适应环境就好了。因为一年级的时候小小没有出现过这种情况，可能是疫情期间一直居家的原因。第二天，小小还是不去厕所又尿裤子了。开学第二周了，小小的情况不但没有减轻，反而严重了。后来都不去找垃圾桶了，直接尿裤子，而且在小便之前他也没有任何的反应。如何才能解决小小尿裤子的问题呢？

多方面了解情况寻找原因

（一）医院做检查

根据小小在学校尿裤子时的情况，建议家长带孩子去医院做个检查，看一看是不是生病了。妈妈反馈的结果是小小没有生病，但是妈妈怀疑着凉也可能导致尿裤子，以前着凉后小小就出现过尿裤子的行为。所以后来就给小小穿得比其他孩子多。在班里，热得小小总想脱鞋子；后来又控制了小小在学校的饮水量。但还是没有起任何作用。

（二）观察厕所的环境

小小不去厕所，是不是因为厕所的环境让他不舒服，因此不想去。患有自闭症的孩子对环境很敏感，阳光、灯光、声音等物理环境都会对这些孩子有影响。小小不去学校的厕所是不是因为冲水的声音太大了，或者是因为课间厕所里面人太多，他害怕，让他不舒服了。后勤师傅及时帮助处理了厕所里面的情况。然后等到厕所里面没有其他人的时候再让小小去小便。可是小小一听说去厕所，就赶紧抱紧桌子，怎么都不去。我后来就不说“去厕所”了。小小最喜欢玩学校的蹦床，我告诉他，带他去玩蹦床，他马上就站起来跟着我走出教室，可是当他发现朝着厕所的方向走的时候，转头就跑回了教室，坐在了座位上，哪都不去了。

(三) 详细了解小小在家的情况

周末我去小小的家里进行家访，想看看小小在家里的情况，同时也想寻找小小尿裤子的原因。我发现小小的家里有好几个空的矿泉水瓶子放在小小活动的地方。妈妈告诉我，“小小在家或者在汽车上小便的时候都用空的矿泉水瓶子接尿，他非常喜欢。”还有一次妈妈没有满足他的要求，他趁妈妈不在房间的时候，把刚尿完的一瓶尿全部倒到了床上。妈妈气坏了，打了小小。最后，妈妈还让不爱劳动的小小自己收拾尿湿的床单，但是这样的情况以后再也没有发生过。

使用“惩罚”和“强化”的教育策略

经过分析后，我觉得小小不去厕所尿裤子的行为，既然不是生理问题，就应该是心理问题，或者是养成了一种不良的行为、习惯。可能是当小小想小便的时候，家长总让小小在瓶子里面或者在垃圾桶里面方便，小小养成了这种习惯。到学校后，没有瓶子，想在垃圾桶里面小便被我制止了，所以出现了即使尿裤子也不去厕所的情况。有一天，刚到学校不久小小又尿裤子了，我首先严厉地批评了他，告诉他尿裤子是不对的行为。有了小便要及时上厕所，担心小小听不懂，我还做了图片让他看。作为惩罚，每天上操后的滑梯和蹦床就不能玩了，这两样可是小小非常喜欢的运动。现在还要自己换裤子打扫教室卫生。这次我没有帮助小小换裤子、脱鞋子，一切都让他自己来做，换完衣服后让他自己打扫教室卫生。即使他多次嘴里叫着妈妈（小小想让别人帮助的时候，由于存在言语障碍，就会叫妈妈）拉我的手，我也没有管，而是站在一边看着他换裤子、墩地、洗墩布。当天的下午，他又想在垃圾桶里小便的时候被我制止了，我拉着他的手来到卫生间，小小竟然没有拒绝，正常上了厕所，我及时把提前拿在手里面的糖给了他，强化他去厕所小便的行为是对的。

下午放学后，我与小小妈妈提了个要求，无论在哪里都要让小小去厕所，不能用瓶子接尿了，也不能在垃圾桶里面小便，只要小小去厕所小便就要及时地给予奖励，强化这种行为，全家人必须都要做到。只有家校协作，才能一起改变孩子的不良行为。第二天，我时刻关注小小，根据每次尿裤子的时间确定他是否要去厕所，然后带他去厕所并及时进行强化。偶尔老师关注不到的时候他还是会尿裤子。如果小小在学校一天都没有尿裤子，放学前就让小小去玩一会儿蹦床，如果尿裤子了，不仅他要自己收拾，还得不到任何奖励。第三周，小小能主动去厕所了，我的强化物由糖换成了他喜欢的剪纸。偶尔才奖励一颗糖，后来两三天奖励一颗糖，再后来就不奖励糖了，换成了剪纸、蹦床、传球等，还有一个大大的赞。小小的家人也积极配合学校，无论小小怎么闹都不再让他使用瓶子接小便了。后来，小小再也没有尿过裤子。每次有小便了，就赶紧往厕所跑，现在，小小一切恢复了正常，下课后自己去厕所小便，不用老师提醒了，也没有了奖励。小小再也没有尿过裤子。

通过合理使用奖惩的方法改变了小小尿裤子的行为。奖励鼓励了小小去厕所的行为，惩罚减少了小小尿裤子的行为，良好行为出现后，及时给予其喜好的强化物，则该良好行为发生的频率将会增加。如果小小不尿裤子就可以得到奖励，从而强化了小小不尿裤子的行为。惩罚是用于减少小小出现不良行为时的一种方法。不良行为出现后，及时给予不良刺激或减少良好强化物，则该不良行为发生的频率将会下降或杜绝。如果小小尿了裤子，就要进行惩罚，明确尿裤子是一种不良的行为。针对小小尿裤子的行为采取惩罚之所以成功，是我和妈妈沟通后得知，小小比较“懒”，不喜欢干活，所以这个方法比较有效。

奖惩方法的运用

（一）合理使用惩罚的方法

1. 不为惩罚而惩罚

惩罚的目的是教育，惩罚是为教育目的服务的，并不是为惩罚而惩罚。之所以要实施惩罚教育，是为了让儿童意识到自己不良的行为，并逐渐改变这种不良行为，从而培养良好的行为习惯，最终达到教育的目的。

因此，当儿童出现不良行为习惯时，要以教育为目的，对儿童采用合理的惩罚手段，而不是只罚不教、以罚代教，对儿童实施不合理的惩罚教育。

2. 先进行说服教育

当儿童犯错误时，大可不必直接使用打、骂等惩罚教育，可以先对儿童进行说服教育。如果使用传统的说服教育都没有达到预期的教育效果时，再采取合理的惩罚教育，让儿童对自己的不道德行为产生深刻的印象，从而改正错误，防止或减少儿童不良行为的再次发生。

3. 多种教育方式相结合

不论儿童犯了什么错，对待儿童的方式只有惩罚教育，秉承着“只要儿童犯错，打一顿就好了”的想法，那么对儿童健康成长是非常不利的。不妨将惩罚与其他教育方法相结合，例如，沟通、感化、引导、说服等教育方式。科学、灵活地使用教育手段，能够对自闭症儿童起到良好的教育效果。

根据儿童出现的具体情况进行教育，并且，当儿童对自己的不良行为有所认识时，惩罚教育就应该适可而止。

（二）正确使用奖励的方法

对儿童能起到鼓励性作用的事物都可能成为强化物，所以强化物不仅只限于儿童喜欢的零食，还可以包含儿童喜欢的活动和互动。如何正确使用强化物呢？

1. 了解强化物的级别

一般来说，一级强化物与生理需求直接或间接相关，包括食物、饮品、亲抚、依恋物品等，也称作"初级强化物"。二级强化物是个体在一定条件下习得的，因为它们伴随初级强化物的反复出现，而对个体具有了强化的作用。二级强化物包括四种：一是社会性强化物，如鼓励、赞扬的表情和动作。二是活动性强化物，如中断一下学习，玩儿童喜欢的游戏，听音乐等。三是象征性强化物，如分数、红花、硬币等。四是内在性强化物，如自豪感，完成一个任务后的成就感。过度物质奖励可能产生过度饱和，削弱效果。对于自闭症儿童来说，外界额外提供的强化物是不能伴随一辈子的，它的消失会对儿童的行为动机产生很大的影响。因此将儿童的外驱力转化为内在动力，才是培养儿童良好行为的所在。

2. 正确使用强化物的方法

（1）儿童给出正确反应后，必须立即强化。强化物的使用需要满足两个条件，缺一不可：一是出现在某一行为之后；二是增加该行为出现的可能性。儿童完成任务之后进行强化时，往往很难做到立即给予。儿童在等待中可能混淆了强化物和家长期待的行为之间的联系。例如，我希望小小能跟着老师一起去厕所的时候，我把糖放在手里，他去厕所小便后立即给他一颗糖进行奖励，而如果是放学以后再奖励，就没有起到强化的目的。及时的强化可以帮助儿童清楚地知道，哪些反应是正确的，哪些行为是被认可的。

（2）强化物要多样化。当一个强化物失去效果的时候，需要及时更换为儿童喜欢的其他物品，比如，贴纸、游戏等。可以制作一个儿童喜欢的东西、活动的列表，这样可以按照上面的顺序替换一段时间内已经使用过多次的强化物。比如，当我希望小小主动去厕所的时候，难度加强了，我就可以给小小更喜欢的东西，进行区别性强化。他为了得到更好的奖励，自然而然就会努力做到第二个行为。

（3）物质强化物需要与社会强化物结合使用。在使用强化物的过程中，不能一味地使用物质强化物，不能让物质欲望成为儿童自我满足的唯一方式。要让儿童知道家人和同伴的尊重和认同，坚持的行动得到回报，比简单的物质奖励带来的满足感更强烈、更深远。所以一句真诚的赞美，完成一件事情的成就感，比冷冰冰的物质奖励意义更重大。

（4）强化物要适时退出。物质强化物不能一直使用，在确定使用某种强化物的时候，就应该制定好这个强化物的退出方案。以小小尿裤子的行为为例，当小小能主动去厕所，并不尿裤子后，就由每次奖励一颗糖变成一天奖励一次，然后变成两三天奖励一次，或者是可以进行不固定频次奖励。这样到最后，可以无限拉长小小获得糖的间隔频次，自然糖就成功退出了！

儿童做事情的动力有来自外界奖励而激发的外驱力，还有来自自己内心所想所求的内驱力。内驱力是个人努力的根源所在，儿童通过完成事情得到情绪上的满足，获得成就感，完善个体认知和自信，确定自己的价值。这是一个个体在成长过程中最需要保证的一种体验，因为它直接影响到儿童之后的自发性行为的产生。

对于自闭症儿童来说，外界额外提供的强化物是不能伴随一辈子的，它的消失会对儿童的行为动机产生很大的影响。因此将儿童的外驱力转化为内在动力，才是儿童维持良好行为的关系训练点。

特教探索

特殊教育的教育对象特殊——他们可能是自闭症患者，也可能是行动受限的唐氏儿……

特殊教育对象需要不同于一般教育的课程研发和课堂设计，需要区别于普通学校的育人策略和教育方法，需要个性鲜明的家校合作模式和家校协同举措……特殊的教育需要特殊的爱，为了这份爱，特教教师一直在思考、探索。

扬起自信的风帆

高学勤

小楠，是初二年级的一名随班就读生，有智力、行动等方面的障碍，他的性格较为内向，很少与同学接触，缺乏自信心。注意力不集中，自制力、记忆力差，理解和反应迟缓。父亲脾气急躁，经常打骂；母亲溺爱，过分呵护。这使得小楠一方面有较强的自卑感；另一方面有过分的依赖性与惰性。

随班就读的学生，因为身体、智力等方面的残疾，常常被人冷落、歧视、瞧不起。长期的负面影响，使他们养成了消极的自我观念，自信心受损，缺乏应有的进取心、求胜心、上进心。经常无精打采、没有朝气、畏缩和压抑等。

帮助随班就读的学生树立自信心，是每位教师义不容辞的责任，需要长期坚持不懈的努力方可奏效，要从一点一滴做起。

通过工作实践我体会到，做好随班就读生的教育教学工作，不仅要遵循教育规律、讲究科学的方法，更需要教师在工作中的耐心、爱心和细心。

分层施教，循序渐进

针对小楠的情况，我利用“班研”时间，与我班的任课教师共同研讨方法，制定了个性化教育措施，如上课时把语速放慢，讲到重要的知识点时语气加强，并注意观察小楠的表情变化，如果一脸的茫然，那老师就面对他把话重复一遍。在设计教学时，设计一两个易于回答的问题留给小楠，让他可以准确地说出答案，这样既增加了小楠的自信心，帮助他在同学心目中树立一个良好的形象，又适当减少小楠的作业量，降低作业难度，让他知道自己也能学会解题，逐步消除对学习的畏难情绪。

寻找契机，激发自信

针对小楠在手工编织方面的特长，劳技老师特别在教学中融入中国结等手工课程，在课堂上注重对小楠进行表扬和鼓励，并让他帮助老师指导其他同学，在期末的“学生手工成果展示”上，老师将小楠的作品单列了展示区，并帮助他准备了简短的解说词，向老师、家长、同学介绍自己的作品。同学的羡慕、老师的肯定、家长的赞扬，让小楠体验到了成功的快乐，更加自信了。

沟通交流、拉近距离

小楠在语言表述上存在障碍，口齿不清，容易紧张，怕同学嘲笑，平时很少说话。对此，我总是对他多微笑，经常找他聊聊天，耐心倾听，让他能够说出心里话。在班会课上，我会经常表扬小楠在各方面的进步表现。老师的努力逐渐取得了小楠的信任，他逐渐敞开心扉，将自己的心里话说给老师听。

同学关爱，融入集体

互帮互助的班风，理解尊重的伙伴，在随班就读学生健康成长的过程中起着不可忽视的作用，有助于挖掘随班就读学生的潜能，有助于缺陷的补偿矫正，促进学生个性的健康发展。

我在班级学生中开展了“一帮一”的活动，特意安排了一名学习等方面都比较优秀的班干部帮助他。

家校合作，共同帮助

对于特殊儿童的教育，离不开学校和家庭的密切配合。家庭教育要在学校老师的指导下开展，学校教育也需要家庭教育的密切协助和有效延伸。我多次到小楠家家访，与他的父母共同商讨帮助小楠学习进步的方法。我与家长分析了小楠的情况，建议家长要根据孩子的具体情况耐心、细心、科学有效地帮助他，适当的鼓励和表扬能帮助其增加自信心，打骂和溺爱只能适得其反。一段时间后，在老师和家长的共同努力下，小楠的学习成绩明显比以前有所进步，在家中还能主动帮妈妈做一些力所能及的家务劳动。

作为教师，我们在教育教学过程中，要最大限度地满足随班就读学生的特殊需要，为他们提供融洽、友爱的学习氛围，采用“个性化”的教学方法，配合耐心的“个性化”辅导，有的放矢，有针对地发展随班就读学生的认知领域，随班就读学生一定能像正常学生一样健康成长。

关注特教学生　促进心灵成长

刘　健

对于特教学校来说，我们的学生是特殊的。通过让特殊学生树立正确的自我认知，促进特殊孩子的心灵成长，在学习生活中感受到与他人的平等，体会到自信带来的成功与喜悦，从而更好地感知生活、融入社会。这是特教教师的责任。

尊重

每个学生都是一粒种子，都需要我们用心呵护，精心栽培。作为特殊教育的教师，要善于接纳特殊学生，要对学生有充分的宽容和信任、尊重和认可、真诚和爱心，不仅要接纳残疾程度轻的听话的学生，更应该接纳尊重重度残疾的学生。

瑶瑶是我们班中一名多重残疾的儿童，由于癫痫疾病的困扰，她的腿脚不协调，走路不稳，并且没有语言，在认知、理解方面的能力较其他同学都弱。由于她腿部肌肉力量控制不稳定，走队列时时常会因为前面的同学停下来，而自己控制不住脚步撞上前面的同学或者直接摔倒，集体户外活动环节每次都会因为她而出现各种问题，或者不能参与或者影响其他同学，状况百出。而出现这种情况的时候，我多数都是为了集体活动的顺利进行，直接指出瑶瑶的问题，或者让同学们避开她继续活动，时间久了，同学们不爱与她一起玩了，她也变得胆怯起来。

出现了这种情况，我深知瑶瑶一定在心理上受到了打击，觉得自己和别人不一样，得不到老师的肯定，不如别人。我反思，我是否没有从心里真正地接受瑶瑶的特殊性，没有给予她理解和帮助，没能帮助她走出困境。于是，我及时调整自己对于瑶瑶的教育方式，从心里接纳她的特殊性，给予她更多的关注与帮助。走队列时让她与前面同学保持较大间距，行走时我尽量站在她身边，提醒她注意脚下和同学，必要时帮扶她一把，给予她肯定与鼓励。在集体活动时为她单独设立活动环节，给她在自己力所能及的范围内跳一跳够得到的高度，增加她的参与度，让她愿意和老师、同学一起互动，感受到自己也能和别人一样完成任务。

此外，我带领班级其他同学与瑶瑶共同活动，设计“我不掉队”小游戏，让瑶瑶当排头带队走路，此时瑶瑶走路不稳、不能走直线的特点反而成了学生们的挑战，大家眼睛紧盯着瑶瑶走路的路线，急步追赶，生怕自己掉队，而瑶瑶也因为自己给大家带来快乐而开心不已。诸如此类的活动我还开展了许多，在互动中学生们也渐渐地接纳了瑶瑶，与她的距离拉近了，瑶瑶也因此获得了肯定与认同，感受到了理解与接受。

赏识

我对赏识教育的深刻理解源于我们班的彤彤。彤彤是一名自闭症儿童，有简单的语言，基本不能与老师和同伴进行正常交流，每天活在自己的世界里，对于学校的规章制度、课堂要求基本无视，处于随心所欲的状态，如果自己的意愿不能得到满足，还会大发脾气，用哭喊嘶吼，甚至自伤自残表达和发泄不满。每天的课堂都会被她突然地冲到讲台上拿粉笔，或是无征兆地乱跑乱跳而被迫停止。

对待彤彤我感到束手无策。后来在一节绘画课上，我无意中发现彤彤对绘画兴趣浓厚，虽然她没有按照我的要求进行绘画，但是她拿着画笔在纸上随意画了将近 15 分钟，并且非常投入。这让我找到了教育彤彤的切入点。于是我开始更多地关注绘画时的彤彤，发现她不是随意地涂鸦乱画，而是有想法地画一些具体物品，比如，她会画一个整完的厨房，有燃气灶、桌台、抽油烟机等，并且给它们涂上精致的颜色，诸如此类的绘画还有很多。我与家长沟通，了解到彤彤喜欢色彩艳丽的事物，于是我为彤彤专门准备了一个绘画本和一些色彩缤纷的杂志，告诉她这些书可以提供给她欣赏，图画本也随时可以使用。起初彤彤在使用杂志和绘画本时，依旧是不按照规则，不从第一页开始，随意翻开就画，水彩笔除了画在纸上还画在手上、桌子上，由于怕她闹情绪，我没有在她绘画时制止她，而是在她“做完错误的事情”后，用收回一支水彩笔或者画纸的方式，让她认识到这些行为是错误的会受到惩罚。由于彤彤很喜欢绘画，这种小惩罚反复使用几次后，她在绘画时的不良行为减少了许多，情绪失控也逐渐有了改善。后来我将彤彤的绘画做成画册挂在班里，让同学们欣赏，为其他老师介绍，彤彤虽然不会表达，但能从她开心的蹦跳中感受到她的满足与骄傲。

就是这么一次平常的赏识教育，就是这么一次成功的发现，就能让孩子对生活充满兴趣与激情。孩子能不能上好一堂课，做好一件事，就在于这一堂课或这一件事中有没有得到善意的鼓励和赏识，有没有体会到成功的快乐。

自信

不论是家长，还是老师，都要肯定孩子的点滴进步，并不断给予积极的期待，这样孩子就会乐意参与劳动。由于残障孩子心灵更加敏感脆弱，因此更需要直接的成功体验增加他们的自信心。

上学期开始，我带领学生进行自主识字，效果不错，其中，最让孩子们开心的环节就是当小老师。每次我选派小老师时，班级里的大多数学生都会举手参加，只有一个小小的身影蜷缩在桌椅之间，用躲闪的眼神偷瞄着我，他就是我们班胆子很小的宁宁。有时我安排他当小老师，虽然也能很好地完成任务，但明显地感觉他很不自信，说话声音很小，不敢看向前方。

今天又是一节识字课，像往常一样，孩子们已经知道我要选派小老师带领大家读生字了，还没等我开口，就有同学举手说："老师，我要当小老师。"不出意外，我看向宁宁，他果然像往常一样，蜷缩在桌椅之间不敢主动要求当小老师。我当时心思一转，想着一定要让宁宁敢于说话，敢于站在大家面前，于是我说道："今天老师闭上眼睛，走到你们中间，随便伸手一指，指到谁谁就来当小老师，好不好?"孩子们对于这个新奇的举动表示很期待，纷纷坐好等待着我的指派。我看好了宁宁的位置，闭上眼走过去，"准备好了吗？今天的小老师就是……"我朝着宁宁的方向一指，"宁宁!"孩子们羡慕得鼓起掌来。"宁宁是小老师，宁宁是小老师!"于是宁宁抿着嘴微笑着应着掌声走上讲台。但由于胆子小，拿起教鞭读起生字来声音很小，于是我对宁宁说："今天你是小老师，你来给大家发勋章贴纸，你觉得谁读得好声音大就给谁，如果你自己读得好声音大也可以给自己!"宁宁和孩子们听了都很高兴，于是认读生字开始了，学生们为了得到勋章贴纸都很认真，两轮过去了，已经有两个同学得到了贴纸，宁宁自己看看贴纸眨眨眼睛，很想得到贴纸又一副怕自己做不到的样子，于是我趁机鼓励道："小老师还没有贴纸呢，咱们让小老师读一读，看看小老师能不能得到贴纸好吗?"孩子们大声呼应着"好"，宁宁深吸一口气，大声地读起来，声音比以前大了许多，读完看看我，看看同学们，不好意思地笑了笑，我及时给予他肯定并让他自己选了喜欢的贴纸，宁宁满意地回到了自己的座位。在接下来的日子里，宁宁每次站上讲台都比前一次更有自信了，他也逐渐从胆怯中走了出来。

自信的心理需要成功的体验，一次掌声，可能就会树立起一个孩子的自信；一声鼓励，可能会成就孩子的一次成功。

特殊教育中，宽容、尊重、关心、身教是直抵心灵影响孩子一生的基础教育，我们要用心灵感动心灵，用生命点燃生命，用智慧开启智慧，学生有了良好的自我认知和健康的心理，才能更好地接受学习活动，才能发展无限的潜能。

为小强送教上门

赵红影

小强是一个患有严重癫痫病，智力极重度低下，没有自理能力的男孩儿。

小的时候，小强由于一次严重的病情，生命垂危，经抢救后性命虽然保住了，但什么意识都没有了，全身无力，每个关节都没劲，自己只能坐几分钟，几乎全天躺在床上。吃饭只能吃比较软的食物，无力气咀嚼，还需要家长喂。大小便需要抱来抱去，所有事情都要由人照顾。由于药物的副作用，眼睛总是处于游离状态，眼神不能正常与人交流，无语言和其他动作能力。

小强的父母，平时工作都很忙。小强从小跟妈妈、爸爸和姥姥、姥爷一起生活，家庭环境非常好。由于父母上班，日常生活照顾的重担就落在了年迈的姥姥和姥爷身上。姥姥、姥爷对小强照顾得无微不至，对孩子的期望值也很高。

小强生活在城镇，社区设施齐全，街道领导对小强也很关心，非常支持我们特教中心送教上门。

制订方案

运动疗法是治疗小儿脑瘫运动障碍的首选方法，可在不同程度上改善患儿的肢体运动功能、生活自理能力，提高交流能力和社会适应能力。在具体训练方法上，强调按正常婴幼儿运动发育的各个阶段进行。目前应用运动治疗技术有：体位性治疗、软组织牵伸、调整肌张力技术、功能性主动活动强化训练、肌力和耐力训练、平衡和协调控制等。

小强小时候患有癫痫，留下了严重的后遗症，肌肉无力，不能站立行走（只能躺在床上）；眼睛弱视，几乎看不见；耳朵功能严重受损；无语言；无情绪。

我和特教中心的几位老师结合小强的实际情况，制订了以“运动治疗和音乐治疗”为主的个别化教育计划，确定了一个“三位一体”的教育目标：运动训练——全身的抚触按摩、各个关节的挤压；小肌肉训练、大肌肉训练；音乐治疗——小游戏，听声音等训练相结合。一是通过运动治疗，对小肌肉——手指、腕部等按摩康复训练，增强手指的灵活性，加强腕部的力量；二是通过运动治疗，对全身肌肉经络的按摩，增强皮肤敏感性，加强肌肉力量，刺激神经良好发展；三是通过音乐治疗，使小强感受美妙的旋律，刺激听觉的发展。

实施过程

第一阶段：开展运动治疗计划，坚持进行康复训练。

首先是抚触，目的是使小强由迟钝到敏感再到正常。运动治疗方法从左到右，从上到下，从前到后。依次是左手、左臂、右手、右臂、前胸、左腿、右腿、腿内侧、外侧、脚踝、后背，同时用力挤压各个关节。

其次是全身按摩拍打，目的是刺激、疏通全身经络。方法是从左到右，从上到下，从前到后，身体两侧依次按摩拍打。两只小手的手指及腕部是按摩的重点部位，运用挤压、抻拉、揉、摁、握等不同的手法，让孩子感受不一样的力度和感觉。以刺激手指的灵活性和腕部的力量。利用一些粗大物体及不同材质的物品，训练孩子的抓握能力，进行相应的小肌肉训练。

给小强做抚触和按摩时，小强从来不看我，无论跟他说什么，一点反应都没有，更谈不上交流、互动。即便如此，我也是全身心投入，一边做抚触一边跟他说话。

“小强，老师给你按摩，舒不舒服？”

“看看老师好不好？”

第一阶段中要教给家长方法，让家长也能经常给孩子进行训练。在治疗过程中，随时与家长沟通，了解孩子的详细情况，一边给孩子做抚触，一边教给家长方法，同时鼓励家长对孩子要有信心、耐心，认真观察孩子的细微变化。

第二阶段：运动治疗和音乐治疗相结合，刺激听觉，感受节拍韵律。每次进行运动治疗时，我都会播放轻音乐。虽然小强听力低下，但还是会有一些感觉，从他那偶尔发出的笑声中可以得到肯定。

例如，播放《铃儿响叮当》的旋律，我会在孩子的头部时而左听听，时而右听听。当在左侧时，我就会轻轻地抬起小强的头部，帮助小强将头部向左侧转动，右侧反之。多次重复训练，使小强听到音乐时，就会转动头部。之后，我又用响铃代替了音乐，让小强转动头部后，也能看到响铃，这样的训练会刺激小强的头部肌肉的灵活性，也刺激了听觉和视觉。

效果与反思

功夫不负有心人。连续几周运动治疗后的一天，我给小强做抚触，做到前胸时，他竟然笑了，而且还笑出了声，我和小强的姥姥、姥爷都激动得不得了，一个劲儿地夸小强：“小强，你真棒。”

经过半学期坚持不懈的努力，对小强进行的康复训练，收到了较好的效果。每次做抚触，只要做到前胸，小强都会笑出声，说明他知道痒了，有时用力按压关节时，他会咧嘴，表情痛苦，说明知道疼，有些部位已经开始由愚钝变为敏感。

最明显的是脚的变化，以前他的小腿、脚踝和脚面形成一条直线，家长扶着站立时，脚尖着地，不能穿鞋，通过一段时间的运动治疗后，家长再扶着他站立时，脚心基本能着地，也能穿鞋了。

看到小强的变化，得到家长的肯定，我更有信心做好送教工作，为小强这些特殊孩子及家庭送去温暖。

三尺讲台，道不尽酸甜苦辣，两尺黑板，写不完人生风景。捧着一颗心来，不带半根草去。陶行知先生的真知灼言，言犹在耳。做抚触和按摩时，我一直是跪在垫子上做的，按照运动治疗计划从头到脚做完后，我累得不行，浑身是汗，腰和背酸疼，家长看到后非常感动。

通过送教上门，我深感一位人民教师的责任，也深感一位特殊教育工作者的光荣。作为一位人民教师，只有勇于进取，不断创新，才能赶上时代的步伐，取得更大的成绩。作为一位人民教师，只有像爱自己的孩子一样爱自己的学生，才能感受人生的幸福。

小画笔手中拿

杨国京

最初与成成见面，是在我的办公室。他安静、不说话，紧紧抓着妈妈的衣服，一段时间后开始从妈妈包里找笔，在桌子上边乱画边抬眼看，见没人理睬他，便停止乱画，开始乱翻桌上的东西，嘴里叨唠一些听不清的话。

因为他开学一个月后才来，所以这里的一切对于他来说既陌生又新奇。刚开始的几天他还挺高兴，后来一提上学就发脾气，每天早上都是妈妈把他拖进校门的，边拖边吓唬他说“不听话就不要你了”，他听后大哭。之后开始出现上课随便下座位，在教室的墙上和桌子上乱写、乱画，经常用笔在同学身上、脸上乱画，教师制止他的行为时，他会大声叫嚷，然后用笔在老师身上画。乱画的行为已经影响了正常教学秩序，同学的指责使其情绪变得更加烦躁，导致同学关系紧张。

根据观察及与家长沟通后了解到的情况，我发现成成乱画行为出现的原因有三个方面。

一是生理原因。

孤独症儿童在与人沟通方面存在严重的障碍，缺乏与人交往的能力，不能正确表达自己的意愿。

二是家庭原因。

成成主要是姥姥、姥爷抚养，生活比较散漫，没有规律性，与父母接触时间少，缺少父母的关注，缺乏相应的情感依赖。

进入学校后，原本的生活方式被打乱，加之原来班级的行为模式已经建立，成成没有经历过创建过程，需要直接适应，引发安全感的缺失，导致问题行为的出现。

家长及教师没有帮助其建立新的情感联系，只采取“堵”的方法进行干预，反而强化了乱画的行为。

三是心理原因。

根据马斯洛的“需要层次论”，我们知道安全需要是在满足生理需要基础上产生的，环境的变化使其产生安全感缺失，自己的想法又受到限制，从而引发问题行为。

为了能让成成尽快熟悉环境，我结合教学单元主题，带领他参观各个班级，帮助其熟悉新环境，结识新朋友。请其他班老师和同学配合，和成成打招呼，邀请他一同参加游戏。在班内请一名智力障碍的学生和他组成伙伴小组，帮助其建立正常交往模式，在日常教学中学习正确表达需求的方式，在小组活动中通过观察模仿学习沟通技能，改善人际关系。

我和他做了一个约定，如果他能在指定地点画画，每次可以得到 1 个彩色剪纸，如果能完成老师布置的任务在指定地点画画，可以得到两个彩色剪纸和一次挑选玩具的机会。每周统计一次，根据剪纸数量的多少，可以兑换不同等级的物品。如：一张卡通图片、一件手工制品、一本折纸书等。渐渐地他得到奖励的次数越来越多。

在一次上课时，同学们在练习握笔涂色，有的画了一只可爱的小松鼠；有的画了一条小鱼；有的画了一片绿绿的草坪……同学们尽情地发挥着自己的想象，争着让我看他们的作品。我把学生的作品逐个展示给大家看，让大家互相学习。当我走到成成面前，发现他只是用不同颜色的彩笔在纸上画了几排的圆点，根本没有给其他的图案涂色。而且画一个圆圈，就走到另一个同学那里看看，回来换一种颜色的彩笔接着画圆圈，画完一个又走到另一个同学那里看看，然后再回来换一种颜色接着画，周而复始、反复多次，我终于看懂了他的想法，他把每个同学使用的颜色都用上了，都画到了自己的图画上，每一种颜色的圆圈大小相同，整整齐齐地排列起来，而画面周围竟然没有出现其他多余的线条，桌子上、手上干干净净，也没有同学来给他告状，这让我第一次觉得他开始享受画画的过程了。

我举起成成的画，让大家一起来数数他用了几种颜色。“1，2，3，4……”一共用了12种颜色。同学们都说他用的颜色可真多啊！“你们看成成真是个想象大王啊，他虽然没有画图，但是看到他的画我们就会想到世界是多么美丽，我们的周围有那么多色彩，这些颜色使我们的生活更加有意义，也使我们的心情愉快起来了，让我们来给他鼓鼓掌吧！”教室里响起了热烈的掌声。成成脸上笑得像绽开了一朵花。

自闭症儿童的美育教育

袁宝芝

我是一名从事特殊教育工作30多年的老教师了，回首往昔，和孩子们一起学习生活的点点滴滴，常浮现在我的眼前。看到孩子们进步，我很欣慰；看到孩子们开心快乐，我会露出微笑。

下面我结合班级学生以及日常教育情况，谈一谈在班级教育教学管理中，如何对自闭症儿童进行美育教育。

班级基本情况

我班是三年级，现有学生7人，其中女生2人。大部分学生属于自闭症并伴有智力障碍，无语言3人，先天愚1人，精神障碍1人，肌无力1人。这些学生，刚来学校时随便下座位，自由说话，不会学习，不会如厕，不知道帮助同学，不会打扫卫生，脱了鞋子随便一甩，用过的卫生纸随手扔在脚边，写字乱写乱画不会占格……他们没有养成良好的学习、卫生、行为习惯，不知道怎么做是展示美的行为，更没有发现美、创造美的能力。

原因分析

由于是低年级学生年龄小，学生障碍情况复杂，学习能力弱，因此在行为习惯、学习习惯、能力培养等方面比较欠缺。坐不住，到处乱跑，哭闹现象不断，有两人还伴有自残行为和攻击行为，因此课堂教学呈现多样化、层次化、个性化。

在班集体中对自闭症学生进行美育教育

（一）在课堂上培养美的感知

课堂教学是学生的主阵地，更是培养自闭症学生欣赏美的主要渠道，学生在课堂中可以自由地徜徉在知识的海洋、美的世界。因此，我依据课程设置，通过课堂教学，让自闭症学生感知美无处不在。

1. 音乐课堂感知美

自闭症学生对律动充满了浓厚的兴趣，我紧密结合月主题和周主题，有针对性地选取一些音乐和歌曲和自闭症学生一起欣赏，并带领自闭症学生认识不同的乐器，感受不同的音色。音乐能发展其听觉功能，补偿视觉缺陷，树立自信心；帮助他们在音乐活动中了解社会、认识社会；拓展文化视野，培养乐观向上的人生观；促进身心健康，使他们得到全面发展。感知不同的旋律给人的听觉带来的是不一样的听觉美——“音美以悦耳”。

2. 语文课堂感受美

我充分利用多媒体课件，播放视频、图片，让自闭症学生在多感官的刺激下，感受到中华民族5 000年的悠久历史文化带来的美。没有美育的教育是不完全的教育，日常教学中，我会严格要求学生书写工整、规范，做到作业本页面干净整洁。课文阅读时，配以优美的轻音乐，让自闭症学生的视觉和听觉同时得到美的熏陶，震撼心灵。这样的教学设计让学生感知无处不在的美——“文美以动心”。

在语文课堂上，我会引导自闭症学生在读书中充分感受美，在课文分析中正确鉴赏美，在说写训练中学会创造美；我会采用多种手段，创造美的氛围，使学生在愉悦中获取知识、陶冶情操，让美育教育水到渠成。

3. 美工课上体验美

自闭症学生学习的内容丰富多彩，在不断提升自闭症学生的动手能力基础上，提升他们对色彩搭配、构造布局等方面的艺术修养。于是，我充分利用软陶、水彩、粘贴、剪纸等课程，使学习形式丰富多彩。在学习制作时，不断激发学生的学习兴趣，引导他们观察图片、观察生活、观察事物……再用灵巧的双手制作、勾画出作品，达到在学习过程中培养学生发现美、创造美、欣赏美的能力，从而不断提高与完善学生的审美能力。

4. 综合课程创造美

我在综合课的教学中会激发出自闭症学生创造美、欣赏美的热情，还能使他们体验到通过辛勤的学习付出，通过艺术劳动获得各种美的快感，提高审美情趣的同时，调整好情绪，保持快乐的心情，从而更好地促进学生身心健康，快乐成长。

（二）在活动中深化美

根据每个学生的兴趣、爱好、特长，我会组织学生参加各种艺术兴趣小组。特教学校的艺术活动丰富多彩，寓教于乐，充分挖掘知识性、趣味性让学生在活动中体验到快乐，深化美的理想。

1. 舞蹈社团展自信

在悠扬的旋律中，培养自闭症学生的表演技能，展现出幸福的笑脸和优美协调的动作。学生随着节奏的快慢变换动作，一起欢快地唱呀跳呀，从中享受到整个过程带来的愉悦，增强学生的自信，激发学生对艺术的渴求，整个身心都是美美哒，更加展现出不一样的美。

2. 书画社团润心灵

自闭症学生在艺术老师的教育引导下，进行专业知识的学习，更有针对性地提升欣赏美和创造美的能力。教师充分利用多媒体课件、实物，设计丰富多彩的学习内容，引导学生观察事物、观察生活、拓宽视野，感受大自然的多姿多彩与变幻万千。从中发现美，进而创造美，陶冶美的情操。

3. 趣味活动悦身心

投沙包、足球射门、拍球、亲子套圈……这些丰富多彩的课外活动是课堂教学效果的延伸和补充。自闭症学生在整个过程中，既有家人的陪伴，也有参与活动的热情和快乐。充分挖掘他们的潜能，进一步培养他们的兴趣爱好及审美能力。

（三）在校园里发现美

我利用课间操或者课外活动时间，带着学生走出教室，引导学生从自己的校园、自己的生活中发现艺术、创造艺术、挖掘艺术天赋。不仅使自闭症学生在美育方面得到进一步的发展，而且还丰富了校园生活，陶冶了学生美好情操。

1. 校园内的亲情美

学生每天一进入校园，就看到很多教师带着红袖标站在校门口执勤，疏导交通，带领学生进校园，查看体温，观察健康状况，为学生的各项安全保驾护航……此时，我会提醒学生并引导他们有礼貌地问好，并告诉他们这些都是老师们带给学生的无限关怀。

2. 楼道内的情感美

我会不定时地带着学生转一转每层楼道，墙上都有很多宣传栏，会定期更换学生的优秀作品，这些都是在老师的耐心引导下创作出来的。这里显现出来的是师生合作的情感美！

3. 文化墙的精神美

操场围墙上是冬奥会比赛项目的宣传海报，我带着自闭症学生，在每天上操时或者自由活动时，去看一看。学生很感兴趣，这时我们就会进行讲解，让他们了解冬奥项目，比赛规则，讲解“友谊第一，比赛第二”的比赛精神。北京在2022年召开冬奥会是全国人民的骄傲，这里显现出来的是健壮之美、体育精神之美。

4. 教室里的心灵美

我们每天都会按照疫情防控要求，对教室进行定期消毒，开窗通风……带领学生一起打扫教室，擦窗台、擦玻璃、擦黑板、给花浇水等，经常洗手消毒，桌面整齐干净……一进教室，就会感到窗明几净，非常舒服。这里展现给我们的是为班集体做事的美。

（四）在生活中形成美的品质

美源于生活，在生活之中体验美。生活本身是丰富多彩的，我会从各方面帮助自闭症学生进行欣赏，让他们接近美、感受美、欣赏美，从而热爱生活、热爱生命。

1.“尊老爱幼”彰显美德

在家庭里，教育自闭症学生听长辈的话，孝敬老人，爱护兄弟姐妹。听话懂事，做事认真，并交给学生一些力所能及的生活技能，锻炼身体，养成良好的生活习惯，形成优良的美德。

2. 优美环境浸润心灵

一花一木皆育人，一砖一瓦总关情。身边的每棵小草、每朵小花、每片树叶、每处景色都能使自闭症学生感受到美的教育、美的熏陶。大自然中的花草树木，彰显出茂盛生长、勃勃生机之美。我会引导他们用欣赏美的眼光看阳光和雨露，看花草树木，看蓝天大海……

3. 社区活动塑造美

和家长一起参与科学垃圾分类，值守垃圾桶，分发宣传资料等活动。习近平说，绿水青山就是金山银山。爱护环境、保护环境，是我们每个公民应尽的义务。所以，我们和家庭、社会三结合进行教育，引导孩子们爱护环境、保护环境。遛弯时，遇到小路上有废纸或者塑料瓶，要捡起来扔进垃圾桶。遇到需要帮助的小朋友或者老爷爷老奶奶，都要伸出手去帮助……在这些活动中，家长起到关键的作用，既给孩子做榜样，又引导孩子塑造心灵美，健全人格。

教育效果

自闭症学生心智发育不够健全，性格、行为出现不同程度的障碍。要化解这些难题，离不开美育教育。因为，美育以美感人、以情动人，能让自闭症学生在美的享受中受到教育，与德育以理服人、以准则规范人形成有效互补。

（一）增强学生发现美的能力

康复课上，学生会主动把鞋子放在墙边，码放整齐，自理能力提升了。语文课上，学生写字时也会主动把字写整齐，一看写出格了，就会主动擦干净重新写；大声流利地读课文，感受文章的阅读美、旋律美；会说这样好看，那个很美。在潜移默化的过程中，加深了对美育的教育。回到家里，发现自己的衣服脏了，也会换上干净的衣服……这些现象，充分展现出学生发现美的能力增强了。

（二）提高学生的审美能力

通过舞蹈社团活动，学生和老师一起学习唱歌跳舞，用优美的舞姿展现美，带给人们美好的视觉体验。在手工绘画社团，学生可以进行简单的颜色搭配，细致地涂色。好多作品都被装裱起来挂在了楼道两侧。增强了学生的自信心，提高了学生的审美能力。

（三）学生的身心得到了愉悦

早晨到校后，学生和老师一起打扫教室、擦黑板、擦窗台，有的学生会主动给花浇水，帮助老师和同学，为班集体服务。有的学生会主动帮助同学拿衣服、拿水瓶，学会了助人为乐。学生在老师和家长不断地引导熏陶下，对各种事物都有了一定的审美意识，在家里和在社区里能尊老爱幼，回家后做一些力所能及的家务，各种能力得到不断提升，身心愉悦健康成长。

经过不断地探索和实践，我们以培养自闭症学生的自理能力和各种技能提升为根本，帮助学生养成良好的行为习惯，树立美德意识，培养心灵美的高尚情操。通过学校、家庭和社会相结合的模式，参与各种活动，进行美育教育。我们的目标是让自闭症学生健康成长，成为合格的社会公民，融入正常的社会生活。

特教课堂上的劳动教育

张冬梅

通过对特殊教育案例的研究、追踪和行为样态的梳理，我也一次次地走进这些折翼天使的心里。如何帮助这些孩子拥有一定的生活技能，能够自理呢？我立足课堂开展了针对自闭症学生劳动教育的实践探索。

充分利用学校资源，使劳动教育课堂化

（一）综合课堂

综合课堂中，将语文、数学、劳动技能等学科进行有效综合，教学方法灵活多样，学生更容易接受，更有兴趣。

每节课中都有设计操作环节，让学生亲自动手摆一摆、粘一粘、贴一贴，极大地锻炼学生的操作能力、动手能力、动脑能力等，从而使得在某些方面有缺陷的学生可以对自己的综合实践水平进行提升。例如，在学习数字5时，利用磁力图片，让学生先找出数字5的卡片，贴在黑板上；再认真听老师的要求，依次拿出5个图片（如：5个苹果、5个香蕉、5个菠萝……），贴在数字5的下面。这样的操作，既可以对学生进行点数练习、分类练习，又锻炼了学生的眼、手、脑的综合能力。

在学习“叠衣服”一课时，把烦琐的过程拆解成细小的步骤，

配上学生喜欢的动漫视频，先观看再跟着学习，一边说儿歌一边动手操作。第一步：上衣平放在桌上，叫“先放平”；第二步：前面两片对齐叫“关上门”，同时做关门的动作；第三步：两只袖子拉平折回叫“抱一抱”，同时做双臂抱在一起的动作；第四步：戴帽子的上衣把帽子翻过来，叫“点点头”，同时做点头的动作；第五步：上衣的下半身翻上去，叫“弯弯腰”，同时做弯腰的动作。这样的教学形式学生非常喜欢，有效提高了学习效果。

（二）手工课

手工课上，带领学生学习使用各种工具和材料，制作出精彩的作品，有效提高学生的综合能力。

粘贴画：从最基本的剪直线、剪曲线、剪弧线开始，再到剪三角形、正方形，圆形，最后学会剪不规则的图形，等等。将剪下来的图形进行拼一拼、摆一摆、粘一粘等操作，制作出不同的粘贴画。让学生在劳动中体验成功的快乐。

软陶制作：颜色艳丽且柔软的软泥是学生的最爱，他们会选择喜欢的颜色，跟着老师进行揉圆球、搓面条、切成小段、按压成圆片，捏成饺子等不同的操作。还可以进行组合，制作花朵、汽车、蜗牛……这些手部的劳动，不仅锻炼了学生的精细动作，也锻炼了手的灵活性。

康复训练课上，为了增强学生的手部力量，带领学生坚持练习举哑铃、拍篮球、接抛球、跑跳训练、拧瓶盖……这些既是锻炼手、眼、脑协调的好方法，也是生活中最基本的技能，让学生们在日常的学习中得到学习和锻炼，为他们将来更好的生活打下坚实的基础。

学生进行康复训练，需进入专用教室，要穿脱鞋子。所以这个学习训练是从学生一进入校园就开始的。学生一般都会脱鞋子，用脚一蹬就下来了。这时候，我会让他们把鞋子摆放整齐，坚决不要随便乱丢。而穿鞋子就麻烦多了，需要手把手地带着学生操作：先用一只手拿紧鞋子，另一只手把粘子打开，再把鞋舌头捏住，小脚丫伸进去，鞋后跟提上来，最后再把粘子粘好。看似简单的穿鞋，有的学生学了很久。

（三）自由活动中强化学到的劳动技能

利用早晨到校的时间，老师会带着每个学生进行“叠衣服”的练习，经过一两个月的时间，大部分学生基本掌握了叠衣服的方法。而且慢慢养成了进入教室后自己主动脱衣服、叠衣服，放到固定地方的习惯。

充分利用早晨的时间，带领学生进行擦桌子、摆放桌椅、擦黑板、擦窗台、浇花等劳动，让学生了解这些是每天都要做的事情，养成良好的劳动习惯，培养责任感，让学生在辛勤的劳动中感受快乐与收获。这将是他们一生中宝贵的财富。

充分利用家庭资源，使劳动教育生活化

生活自理能力是特殊学生生存和发展的基点，家长与学生生活在一起，教师与家长密切联系，要求家长高度配合，一起坚持练习。不溺爱、不娇纵，让学生在学校学习到的知识，延伸到家庭中，让学生做到学以致用。

（一）自我服务

每个人都必须学会自理自立，才能更好地融入班级、融入社会。自我服务能力的训练更要从一点一滴做起，坚持、坚持再坚持，只要做到持之以恒的训练，学生一定可以学会。

叠衣服：妈妈和孩子一起劳动，把洗完的衣服从衣架上取下来，再进行叠衣服练习，孩子遇到问题时，妈妈手把手地带着孩子一起叠，按照“先放平、关上门、抱一抱、点点头、弯弯腰”的步骤，让孩子帮助妈妈叠上衣。

穿脱鞋：孩子在家时，穿脱鞋的机会更多，家长在家里坚持训练学生穿脱鞋子。进而也可以一起进行穿脱袜子的训练，这样家校一起坚持，会起到事半功倍的效果。

（二）打扫卫生

干净整洁的居家环境会使我们的生活更幸福美满，吃完饭后擦桌子，每天扫地擦地，擦窗台，拉窗帘，铺床叠被，整理房间，倒垃圾，洗脸洗脚，洗毛巾、洗袜子……这些看似细小的事情，从小对孩子进行培养，是对他们独立性和自理能力的提升。

（三）帮忙拿碗筷

能力强的孩子可以先数一数家里有几口人吃饭，需要拿几双筷子几个碗，端一些不烫手的食物，等等。饭后帮忙收拾碗筷，把剩饭等拿到厨房，参与简单的家务劳动，这些实践活动使他们逐步掌握了独立生活的必备常识和技能。

（四）养花种菜

家里种植的花花草草，不仅美化了居室，还可以使空气变得清新。家长和孩子一起定时给它们浇水、培土，看到它们茂盛生长，开出美丽的花朵，也会跟着欣喜！家长还可以利用阳台，用花盆、泡沫箱子，和孩子一起装满土，种植一些容易生长的叶菜，如：韭菜、香菜、菠菜……孩子从开始就参与其中，见证了撒种、发芽、生长、成熟的全过程，中途还会浇水、除草，收拾垃圾……在整个劳动的过程中，感受劳动带来的成就感和劳动体验，形成正确的劳动态度，逐步养成爱劳动的习惯。

利用社会资源，使劳动教育社会实践化

（一）超市购物

家长经常会到超市进行购物，孩子可以积极参与其中，帮助家

长推购物车，拿取物品，拎购物袋。回家后按照蔬菜、水果、日用品等进行分类，放到相应的位置。孩子在分类整理时学到了不少知识，既锻炼了学生的劳动能力，也让学生养成了爱劳动的好习惯。

（二）捡垃圾

保护环境是每个公民的义务，不管在什么场合，都要努力做到不乱丢纸屑垃圾。如果在遛弯时看到有空水瓶，要捡起来放入可回收垃圾桶内；如果看到有小树枝或者包装袋等废弃物，也要捡起来放入其他垃圾桶内……

适当的劳动是孩子成长的一门必修课，尤其是残疾孩子，使他们学会并掌握必要的劳动技能，能有效提高他们的生活质量。让孩子们在不同的劳动中认识生活、感受生活、体验辛勤，收获成长的快乐。

关于男孩儿的“传说”

李万军

我刚到北京市大兴区特教中心时，对学生的情况进行了一次统计和分析，包括送教上门和随班就读的学生在内，男孩的比例居然占到了76.3%。这让我非常惊讶，为什么特殊的男孩这么多呢？

一位大学教授告诉了我其中的“秘密”……

男孩从出生到长大，夭折和出现残障的比例远大于女孩。这和男孩女孩孕育的过程有关，也和男孩本身就比女孩脆弱的体质有关。他给我讲了一个故事。

教授说，为了保持家族的“血统”，孩子的父亲还是很拼的。父亲生生把自己“XY”染色体中的“X”剔迟掉了，牺牲了自己智慧的一部分基因，保留代表“血统”的“Y”和母亲的染色体结合，最终孕育出男孩，所以男孩的智商大部分来自母亲。这一过程是很危险的，往往造成基因突变或者基因损伤，要么胎死腹中，要么出生后身体很弱过早夭折，要么出生后出现残障问题，比例比女孩高很多。

听了这些我开玩笑地问：那女孩出现残障的原因是不是父亲剔迟错了？他笑了笑说，我讲的是一个故事，是一个关于男孩的故事，科学的问题让医学专家去回答。

教授说，男孩在出生以后身体素质开始就比女孩弱，一般瘟疫传播或者传染病流行，男孩夭折的比例也是惊人的。他接着说，你看过电视剧《康熙王朝》吗？康熙小的时候出天花，多亏了苏麻喇姑拉姑救活了他，据史书记载，康熙也因此在脸上留下了麻子。关于发疹子出水痘的故事在农村有很多，出不来憋死的事情经常发生。他说他曾经到儿童医院急诊科做过调查，在儿童医院可以观察到，父母抱着男孩来看病的明显要多于女孩。想想也是，我女儿小的时候很少得病，甚至没有印象她发过烧。可是我内弟的儿子小的时候三天两头往医院跑。

早些时候，每个孩子都有一个小名或乳名。越是普通老百姓对男孩子的小名越重视，有些听起来会觉得很奇葩。比如，狗蛋儿、狗剩儿、石头、狗子、百顺儿、老臭、大松绳、开锅烂等。老年人讲，起一个不起眼的名字或者贱气的名字，小鬼儿就不会注意孩子了，好养活。这从侧面也反映出民间的经验总结，也可以看出孩子长大成人也是一件“冒险”的事儿。

古代给孩子正式名字，农村叫“起大名”，一般在 8 岁左右，因为活到七八岁，就基本躲过疾病和传染病的风险，孩子身体也壮实了，这个时候孩子也要上学了。在农村有个习俗，就是很少有人叫大名，更有甚者有人一辈子都被人呼喊小名，以致最后很多人不知道这个人的大名到底叫什么。除因为那时农村读书认字的人不多外，还有一种说法，就是怕阎王爷记住了孩子的名字。传说写在生死簿上的名字都是大名，是正式的名字，叫小名，阎王爷就找不到这个人了。

农村还有认干妈的习俗。认干妈的孩子一般是男孩子，要么就是体弱多病的孩子，要么就是这家几代单传，怕中途夭折，找一个命硬的女人做干妈，保佑着这个孩子。更有甚者，把村里、庙里的一块大石头或者一棵大树认作男孩子的干妈。

这些看似荒唐可笑，但却反映出一个问题，就是男孩子从出生到长大确实是多灾多难的。这些故事或现象真实地反映了现实。

教授还说，目前自闭症（也称为孤独症）儿童的比率越来越高，其发病原因一直像个谜一样困扰着医学界。随着生物医学的进步，人们对自闭症的认识也越来越接近真相。

很多自闭症儿童 2 岁以前基本上和正常儿童没有大的区别，这也是残障儿童被确诊过程最集中的现象。对于智力残疾、小脑发育迟缓等，都有明确的医学解释，但是对自闭症来说，只能通过症状理解和判断这个孩子是否是自闭。

教授说，有一种猜想，儿童自闭可能还与现在的养育方式有关。

原来的社会分工基本上是男主外、女主内。一旦孩子出生了，母亲基本上就不再下田劳动了，一般要把孩子带到会走路，能说话，不用贴身看管了，才会逐渐走出家门或离开孩子去劳动，但是母亲的首要职责还是要以哺育新生儿为主。原来在农村你会看到很多抱着、背着孩子在村里走动的妇女，基本是不做农活的。母乳喂养要一两年或者更长时间，这与孩子的身体素质和母亲的身体素质有关。这样的分工其实是合理的，是符合人类社会基本规律的。

孩子出生以后，最重要的就是养育了。正确的养育关系到孩子身心健康的发展，也关乎孩子未来的一生。正确的养育对人的性格成长、情绪建构、心智发展、身体健康等方面的发展至关重要。孩子后天的心理问题，往往是在养育过程中造成的。

以前，无论城市还是乡村，人们的生活很清苦，但是节奏很慢，大家都处在贫困线上，没有那么大的压力。一般家庭都有几个孩子，兄弟姐妹多，大家对新出生的小孩子是非常在意的，也能够相互照顾，无形中的亲情互动和安全感的建立就非常顺畅。新生儿不是在父母身边，就会在兄弟姐妹身边，总会有人陪着孩子说说笑笑，逗逗弄弄，那个场景是最适合孩子成长的。

和以前相比，人们的生活方式已经发生了极大的改变，尤其是现在，生活节奏快，工作压力大，孩子越生越少，养育方式也发生了变化。带孩子从父母带，到祖父母带，再到保姆带。甚至孩子一出生就到月子中心去，基本上由月嫂一直照料孩子，保姆陪孩子度过幼儿阶段的比比皆是。现在的年轻人，就是有时间也不自己带孩子，不是祖父母带就是保姆带，这不是一种好的养育方式。

自闭症孩子的数量在增多，到底是不是养育方式有问题，需要继续研究。婴儿出生以后，最重要的是陪伴，通过肌肤相亲、话语刺激、眼神交流、喂养过程等亲子活动，首先解决的是孩子健康心理养育的问题。如果把养育孩子当作饿了喂奶、哭了哄乐、拉了擦洗，那么“养育”二字就太简单了。除了这些基本的养育行为以外，父母自顾自地玩他们自己的游戏或追他们自己的剧，孩子就逐渐失去了与外界形成回路的机会，孩子会不会形成封闭的世界呢？这一点是需要进行探讨的。

附录

这是一份随班就读学生的真实案例，一份改善抽动症学生情绪行为问题的个案研究。全文从家庭原因分析入手，针对特殊学生的特殊教育提出了“对症施教、延迟满足”；“及时具体真诚肯定正向行为”；“拉近距离，建立关系”；“批评教育点到为止，不宜过长说教”等九个具体策略和方法，值得特殊教育工作者借鉴和思考。

改善特殊需求学生情绪行为问题的个案研究

王学武

背景分析

（一）学生个人情况

A 学生，男，10 岁，某学校五年级学生。皮肤黝黑、体型严重偏胖。A 学生是家中的独生子，从小由奶奶带大，父母陪伴较少。爸爸曾是一名国家级运动员，原生家庭中父母打骂较多，16 岁就孤身一人来到北京，训练比赛，独自拼搏，经历坎坷，从事职业与运动有关。母亲在职，家中女性地位较低，没有话语权。

A 学生曾去医院就医，诊断结果为抽动症——污言秽语、强迫症等，目前仍每天服药。

（二）个性及情绪行为表现

1. 性格暴躁、敏感自卑、多有敌意

与人交往中，听到不顺耳的话、需要不被满足或不能即刻满足，马上情绪激动，污言秽语，撒泼打滚，摔砸东西。自己做手工时画画不满意，也会发脾气说脏话，撕毁作品摔在地上。别人对他稍有异样的声音、眼神或者动作，就会招致A学生的辱骂或大打出手。语言表达信心不足，句子短，词汇不丰富。

2. 任性、以自我为中心

A学生看到其他学生一起玩篮球，就会说球是他的（篮球是学校的），缠着别人要，不给就抢或者打骂人。一旦感觉不被关注了或者想引起重视，就会通过在教室大声说脏话、猛力砸出声响等方式破坏课堂秩序，由此吸引同学、老师、学校领导的注意。一旦A学生提出的无理要求不被满足，就在班级或者校园里污言秽语、撒泼打滚，以给学校带来负面影响相要挟，以此来达到目的。

3. 人际互动方式恶劣、攻击性强

想与同学互动时，不采取友好的交流方式，而是通过污言秽语、搬弄是非等方式激怒同学，引发同学愤怒的言行回应，往往导致恶性冲突事件的发生，有欺凌现象。

家庭教育的缺失

如果说只有以上症状，都不足以让小A成为极端案例，其中最关键的也是最遗憾的是，小A的家庭没能够给他足够高质量的爱和支持。其父母不愿正视孩子出现的问题，不积极采取措施治疗干预，反而质疑学校的所作所为，与学校对立，拒绝与学校老师合作帮助孩子，逃避作为家长应尽的责任。

A学生父亲的脾气不好，母亲在家没有什么话语权，家庭地位较低。爸爸对于A学生每次提出的要求，刚开始会拒绝，但等孩子哭闹打滚、无法无天时，又会满足孩子的要求。这样的反馈让孩子养成了通过极端哭闹的方式获取自己想要的一切。另外，如果父亲无法满足就会对A乱骂加暴打。

在学校教师多次与A学生爸爸沟通的过程中，A学生爸爸渐渐对孩子失去了耐心和信心，开始逃避作为家长应该承担的责任，反而将矛头指向学校和老师，认为学校总是想尽办法刁难孩子，为难家长，开始拒绝与学校合作。在这样的家庭教养环境中，A 学生渐渐习得了父亲那一套行为处事方式。比如，在外形上他模仿父亲将头发梳得油光锃亮，遇到不顺心的事时，学父亲骂脏话，用打架来解决问题。在学校被老师管教后不服气就骂老师，看同学不顺眼就骂同学，情绪激动时对同学甚至老师动手。对在校师生的人身安全造成威胁。

至此，A 学生的行为变得越来越严重，成为我校甚至我区的极端个案。

原因分析

（一）生理上的失常

A 学生在同龄人中最胖，在全校也是数一数二的。A 学生的体态从背后看像一个 40 多岁的中年人。超重让 A 学生不便长时间运动，跟同学一起进行体育活动或游戏时，坚持不了多久就会感到吃力，只好站着看别的学生玩。超重也让 A 学生的饭量至少比同班男生大 1 倍。另外，A 学生的肤色黝黑，声音沙哑、低沉，从感官上会给人比同龄学生成熟、老练的感觉。

生理上的失常使得 A 学生在同龄学生群体里无形中被边缘化，日复一日地体验抛弃和疏离，愤怒、失落、自卑、孤独、无奈等负性情绪日积月累。

A 学生每天服用精神类药物，到校后都会有干呕或者呕吐现象发生，摆脱不了反常生理反应给他带来的焦虑、抑郁等情绪。

（二）心理上的失常

1. 焦虑和缺乏安全感

对人有敌意，警惕性很强，言行多制造紧张、恐惧氛围。偶见抽动、自慰现象与此有关。

2. 低自尊和无价值感

A学生貌似自尊心强，睚眦必报，其实他的自尊心很弱，缺乏自我肯定，特别渴望从周围人那里获得尊重、认可、肯定，甚至不惜弄虚作假，满足虚荣。这也反映在A学生在同龄人竞争中要强好胜，只能赢不能输，有时会不择手段。A学生感受自我无价值，为刷存在感，常弄出声响，吸引周围人注意，以此为乐。

3. 人格发展迟滞，但在某些方面早熟

心理发展成熟度倾向于停留在3~5岁第一反抗期，以自我为中心、任性。与人相处时缺乏边界感，不断挑战他人底线满足自我需要，说明A学生在童年时没有得到足够好的照护，也说明家庭教养方式不良以及家庭教养没有跟上孩子心理发展的需要。但在人情世故方面，又有超出年龄的成熟，这方面可能受到父亲的较大影响。

4. 叛逆，抗拒权威、挑战权威

顶撞老师、辱骂老师，甚至对校领导出言不逊。如果老师、校领导要求他尊重他人、礼貌用语，或者以小学生行为规范相要求，A学生要么充耳不闻，要么变本加厉。这些表现提示A学生没有很好地度过3~5岁第一反抗期，或者是第二反抗期青春期的表现，但一定与其父亲的互动模式密切相关。

（三）学习上的困难

A学生对课堂学习兴趣不大，语数英科目听不进去，考试时不会做题。

学习上存在困难的学生，在同学中的话语权较弱，会长期在班级中感受到压抑、自卑，无法融入班集体，也常常感受到班集体的排斥。

（四）家庭支持系统的不良

父亲对A学生管教无方，对A学生的不合理要求，耐不住其软硬兼施，为息事宁人，最终都会满足。家庭成员之间缺乏有效沟通，打骂居多，父亲下手狠。父母平时对A学生的关注不够，对孩子的爱停留在幼儿照护层次，没能跟上孩子心理发展的需要。在跟父母的互动中，A学生习得了用恶语获得关注的不良人际互动模式。

父亲不太配合学校对A学生进行管教，甚至有抵触情绪和行为。这影响了A学生适应学校生活的程度和速度。

学校采取的具体措施

（一）拓宽问题解决路径，寻求多方专业支持

学校面对A学生的特殊情况，积极寻求上级部门的支持。区教委的很多部门包括小教科、德育科、政保科等部门联动开会十余次。

学校积极联合所属街道社区、校外心理机构、关工委等部门协调资源，还积极和妇联取得联系，希望能从贯彻《家庭教育促进法》的角度给予该生帮助。

学校也咨询过当地的法院和检察院，以及属地派出所，校长更是寻求自己的律所朋友，希望能从预防未成年人犯罪的角度，进行干预。

学校获得北京教科院特教中心专家的专业支持，专家多次进行线下线上指导，帮助学校请来北京大学医学部的相关精神科医生，从专业治疗和干预的角度提供帮助和指导。

（二）引进新资源教师，提供一对一全天候陪伴式教育

在教委专项经费的支持下，学校寻找校外心理咨询机构，聘请了专业的心理咨询师对A学生进行一对一的陪伴式教育服务。心理老师由打篮球作为切入点，经常约A学生打篮球，慢慢与A学生建立感情。数日之后，通过一起打篮球，一起折纸飞机，一起吃午餐，一起聊天，短时间内，心理老师基本取得了A学生的信任。基于

此，心理老师和其他老师对 A 学生采取了具体的教育策略和方法。

1. 针对个别行为对症施教、延迟满足

A 学生对课堂学习兴趣不大，语数英科任老师讲课听不进去，上课没几分钟就会离开教室。A 学生对手机非常迷恋，在学校无聊的时候，就会想到用身边人的手机给爸爸打电话接他回家，或者要求拿出手机玩小游戏，他找身边的心理老师要手机给爸爸打电话，心理老师以“你爸爸不认识我”为由拒绝，A 学生于是开始发脾气，一会儿嚷嚷着找班主任，一会儿在屋里大叫。面对此番景象，心理老师并没有任何行动，只是在一旁静静地坐着。后来，A 学生仍然索要手机玩游戏，心理老师说要向学校领导请示，故意拖延时间。得到校领导不允许的回复后，A 学生大发雷霆，抑制不住怒火，在办公室把所有东西摔的摔，砸的砸，看到没有希望，一番发泄后，他稍微有些平静了，竟然去班里找来一大把笔，要求和老师一起玩写字游戏。在写字游戏中，A 学生的情绪明显平稳了很多。第二天，A 学生问心理老师可不可以在手机里玩小游戏，老师告诉他不能，大游戏小游戏都是游戏。于是他给自己找台阶下，说那可以在网页上看看游戏教程，老师同意了，但提出只能看 10 分钟，A 学生欣然答应，以后 A 学生再没有提出要用老师手机玩游戏的要求。

针对玩手机这件事，老师们通过不理睬、不回复的冷处理，让 A 学生在安全的环境下发泄自己的愤怒情绪，也通过老师现在有其他事情，需要请示领导等理由延迟满足，甚至到最后不满足。通过层层的对策，逐步让 A 学生意识到自己的行为不被允许的现实，通过哭闹、破坏东西的方式满足需求是不可以的。

2. 及时、具体、真诚地肯定他的正向行为

把他画得好的画展示在班级墙上，赞美一番；打篮球打得好，使用文明用语时及时大方地肯定。他会因此感受到老师的关注和认可，知道以后如何做可以得到认可，强化正向行为。

3. 快速拉近距离，建立关系

所谓知己，就是看见另一个自己。刚跟 A 学生接触的那些天，为了不让 A 学生起疑心，心理老师甚至像 A 学生一样，坐在过道上，和他一起折纸飞机。甚至一起玩纸飞机时，也曾一脚蹬踩上办公桌，站在桌上放飞纸飞机，A 学生静静地看着，紧绷凝重的脸露出了开心的笑容，终于慢慢接纳了身边的心理老师，也向心理老师敞开了心扉。

4. 批评教育点到为止，不宜过长说教

有一次，A 学生对一名五年级的男生骂脏话，被对方追到心理老师办公室要打他，心理老师上前制止，男生找机会踢了 A 学生一脚就跑掉了。男生走后，心理老师怜爱地看着 A 学生，用平缓柔和的声音对他说："这样招惹人打你，多疼呀。现在你篮球打得不错了，同学会喜欢跟你玩。以后想跟谁玩，好好跟他们说，他们会同意的。" A 学生坐在地上，一只手支撑着头，侧身向心理老师，表情平和，他听进去了。

5. 帮助问题学生改善人际互动方式

某天，A 学生想和六年级学生打篮球，努力了几次对方都不同意，A 学生愤愤离开。在与心理老师一起做手工时，A 学生用 A4 纸卷的筒芯条打心理老师的大腿，心理老师平静地对他说："我不喜欢你这样打我，我受到了伤害，心里很痛苦。请你以后不要这样做。" A 学生对心理老师说"对不起"，心理老师说："我接受你的道歉，希望以后这样的事情不再发生。"说完两个人继续一起做手工。

6. 控制情绪冲动，走出不良人际模式

A 学生习惯通过攻击引发他人的投射性认同——对他进行攻击，心理老师的回应在他固有互动模式闭环上打开了一个缺口，形成了阻断。这个人际互动示范也会对他以后的人际交往产生积极的影响。

A 学生与六年级学生发生冲突，被踢了几脚，A 学生没有还手，随后在用校领导电话联系爸爸时说，自己和人打架了，但忍住没还手，现在想打人，让爸爸赶紧接他回家。校领导和心理老师都及时表扬了A学生。他在控制情绪和冲动，选择更有效的方式解决冲突方面，迈出了不小的一步。这个进步与心理老师前面的多次示范有关。

7. 因势利导，学以致用点燃学习积极性

A学生喜欢玩“卫生纸大战”游戏，即把卫生纸分散成小块或者揉成小圆球，模拟两军对垒打仗。在游戏中，心理老师几次给A学生传递信息“俄罗斯的军事是最强的。”A学生对“最强”很敏感，后多次从小红书上搜索介绍俄罗斯的视频，每次观看的时间也较长。还把自己从视频中学到的知识讲给班主任听，讲得不错，做到了学以致用。据观察，孩子的学习能力是足够的，感兴趣的东西学得很快。

8. 端正认知，及时止损以防误入歧途

有一天，A学生谈到他对槟榔感兴趣，心理老师前面观察到他对健康很关注，就不失时机地告诉他，槟榔是致癌的；有位演员嚼槟榔一年就得口腔癌去世了。湖北省新的规定禁止售卖槟榔。接着给他讲毒品成瘾的原因：一些明星因为有钱，被毒贩盯上，利用递烟礼节，慢慢引诱明星吸毒上瘾，最后致其倾家荡产。也给他讲自己朋友的亲戚，一个漂亮的女孩子因为吸食毒品而家破人亡。A学生全程听得很认真，一字不落。对于一个有高需求、一个不断追求新需求的问题学生，早早地在他的心田播种下“远离毒品”的信念是非常重要的，对他自己、对社会都有深远的影响。

9. 师生携手，共同创造适合的社会支持系统

A学生学习不好又惹是生非，还经常打骂同学老师，在同学中的形象很差，很多学生不愿意也害怕与他接近，他没有朋友。为了拓展A学生的社交圈，学校和心理老师做了不少工作。

A 学生喜欢打篮球，也喜欢和篮球高手一起玩，即便篮球高手们不太愿意带他玩。但这是 A 学生社会交往和学校生活重要的内容和途径，学校领导积极和篮球高手沟通，希望篮球高手带着 A 学生玩。篮球高手们也确实照做了，虽然有时也会发生冲突。学校体育老师也会在完成课堂教学任务的前提下，安排自由活动时间，这样 A 学生就能跟着上体育课的学生一起打篮球、踢足球，或者一起坐在草坪上聊天。有一次，A 学生听说自己班上体育课要进行篮球比赛，还很认真地和心理老师讨论班级组队的问题，比赛的时候体育老师特意把 A 学生分到自己一组，整个比赛 A 学生表现积极，体育老师及时表扬了他，课下心理老师也高度评价了他的表现，A 学生听得聚精会神，很受用。

作为来校见习观摩的体育老师，心理老师主动和篮球高手们一起玩篮球，尊重和保护他们的篮球权威地位，积极肯定他们的篮球技术和能力，所以也得到了他们的尊重。A 学生会让心理老师去向篮球高手提出要他加入打篮球，心理老师只要开口，多数时候也会被接受。六年级某班有些同学喜欢踢足球，心理老师就常和他们一起踢球，他们班的篮球高手也会邀请心理老师打篮球。现在基本上形成了心理老师和这个班的足球爱好者和篮球高手轮流玩一天的模式，A 学生也就跟着，要么踢足球要么打篮球，也算有个和学生玩耍、交际的稳定去处。

（三）组建资源小组，抓住一切可教育的契机

针对 A 学生在学校的各种令人担忧的行为，学校组建了以校长为组长，以班主任和科任老师为成员的资源小组，旨在及时反馈总结 A 学生的在校表现。从 A 学生一进校门，老师们的神经高度紧张，注意力高度集中，不论是语文教师还是数学教师，不论是美术教师还是音乐教师，甚至食堂的打饭师傅、保洁阿姨都会对 A 学生非常留意。各科任教师持续两个多月在微信群里，对 A 学生每节课

的行为进行观察和记录反馈，希望能基于观察的现象总结出一些对策，将其情绪行为问题各个击破。

学校安排了每日值班教师轮流密切关注A学生在校的举动，力求最大限度地保障其人身安全和最大程度地降低其对集体教学的影响。其中除了学校的心理教师和专业课教师外，还有区特教中心的资源教师，也有区进修学校的心理教研员进行跟踪指导，作为A学生家长主要联络人的李校长每天都与A学生的父亲通电话，一方面客观陈述孩子的在校表现；另一方面加强沟通，争取家长最大的合作。

（四）优化配置班级教师，最大程度地获取学生及家长的信任

学校为了帮助A学生更好地适应学校生活，安排了年长且有经验的班主任年老师带班，年老师在接班之前处理过一些与A学生相关的学生矛盾，也经常关注A学生，没事就找A学生聊聊天，经常给予他帮助和鼓励，因此，两人建立了一定的信任关系。年老师温润如雨的语言，徐徐不急的动作让A学生更容易接受，年老师看起来有点妈妈的感觉，给了他温暖、接纳、包容和安全。

新班主任还没上岗，就积极地联系家长，主动到学生家里家访，了解A学生的相关情况，这样的举动让A学生的父亲颇为感动。双方针对一些问题进行了充分沟通，也达成了一些共识，以帮助A学生更好地适应学校和未来的生活。

（五）学校适度惩戒，A学生为自己的行为"买单"

有一次，学校"红领巾广播"举行活动，A学生趁广播员和志愿者不注意偷偷溜进了广播室，对着麦克风一通大喊大叫，严重扰乱了校园的正常秩序，造成了恶劣影响。学校依据《中小学生惩戒规则》，给予A学生"停课一周，并要求家长在家进行教育、管教"的惩戒。通过当着A学生和家长的面郑重严肃地宣读惩戒规则，A学生也意识到上学不是闹着玩的，学校里有行为规范准则，也有惩

戒规则，自己的所作所为不能胡来，如果犯错是需要付出代价的，而自己才是为自己行为负责的人，父母也帮不了自己，A 学生承认自己有错，并同意改正。问题出现之时也是教育契机闪现之际，这次教训不仅给 A 学生上了一课，也让 A 学生明确了行为标准，意识到做错事要为自己的行为负责。A 学生也看到学校的态度和举措，此次惩戒的举措也起到正学校风气，弘扬正能量的作用。这次事件之后，A 学生的违纪行为明显减少，也不敢再旁若无人地大喊大叫了。

取得的阶段性效果

（一）A 学生家长的变化

通过学校的努力，A 学生的父母发生了一些改变。具体表现在四方面：一是开始意识到孩子确实是存在问题的，自己花钱给孩子找了个心理医生，定期做咨询；二是母亲不再缺失，不再沉默不语，而是积极地站出来与父亲对话、交流，希望爸爸不要与学校对立，要配合学校做一些事情；三是改变了孩子有问题是因为他太小的观点，现在孩子大了，还有问题就说明不是年龄的问题，而是问题本身就一直存在，需要正确认识问题本身，积极寻求帮助和治疗；四是现在能够配合学校老师提出的部分建议，针对一些问题在家管教孩子，一起促进孩子进步。

（二）学生的变化

1. 在校突发事件有所减少

A 学生在校所制造的一些危险的、影响恶劣的突发事件有所减少。之前每周都会发生 1～3 次，现在变成两周一次或一个月 1～3 次。时间间隔和事件恶劣程度均有所缓解。

2. 学生认知有所提升

主要表现在自制力的提高方面。当他人的需要与自己的需要相冲突的时候，能够适当调整自己的心态，建立更良好的人际关系；在发生人际冲突的时候，能够控制情绪和冲动，采取合理的方式解决冲突。

3. 情绪管理能力有所提高

情绪状态比以前稳定不少，发脾气的频率有所降低，笑容增多，面部肌肉逐渐放松。

4. 行为模式有改变

污言秽语招惹他人的频率减少，强取豪夺自己喜欢的东西的情况减少，挑战权威的言行减少，进入班级扰乱课堂秩序的行为减少，正在逐步养成遵守学校规则的好习惯。

（注：本文作者为北京教育科学研究院旧宫实验小学校长）